COCINEROS

MEXICANOS

Cocineros Mexicanos

Primera edición: junio, 2017
Primera reimpresión: septiembre, 2017
Segunda reimpresión: noviembre, 2017
Tercera reimpresión: noviembre, 2017

D. R. © 2017, Fremantlemedia México, S. A. de C. V.

D. R. © Dr. Pipe, Toño de Livier, José Ramón Castillo, Ingrid Ramos y Nico Mejía

D. R. © 2017, derechos de edición mundiales en lengua castellana:
Penguin Random House Grupo Editorial, S. A. de C. V.
Blvd. Miguel de Cervantes Saavedra núm. 301, 1er piso,
colonia Granada, delegación Miguel Hidalgo, C. P. 11520,
Ciudad de México

www.megustaleer.com.mx

Fremantlemedia México, S. A. de C. V.
Dirección General: Coty Cagliolo
Dirección de Administración y Finanzas: Lourdes Pérez Talavera
Dirección de Producciones: Luis Canseco Camacho

TV Azteca
Director General Azteca 7: Rodrigo Fernández Capdevielle
Director de Mercadeo y Programación de Azteca 7: Ignacio Ruiz de Ojeda
Director de Contenidos de Azteca 7: Luis Guillermo Camacho
Director de Programación de Azteca 7: Alejandro Chávez Vejo
Director Creativo Azteca 7: Héctor Octavio Valdés

Trabajaron en el libro
Dirección creativa y redacción: Paola Pérez De la Garza González
Producción y Coordinación: Bárbara Astrid Merlos Cortés
Directora Culinaria: Chef Martha Sánchez D.
Jefe de Cocina: Ricardo Cortés S.
Productores Gastronómicos: Mara Alpízar G. e Ismael Vázquez P.
Ambientación gastronómica y arte: Marisol Ayala R. y Federico Feliziani
Fotografía de los platillos: Ernesto Sacbé Aguilar Méndez

Colaboraron en la sesión de fotos
Vanessa Tevez, Daniela Camani, Alejandra Rodríguez Reyes, Naomi Mejía Hidalgo, Pilar Medina y Karla Espinosa

Cocineros Mexicanos es un programa de televisión basado en el formato Cocineros Argentinos de Kapow S.A.

ISBN: 978-607-315-437-6

Impreso en México – *Printed in Mexico*

El papel utilizado para la impresión de este libro ha sido fabricado a partir de madera procedente
de bosques y plantaciones gestionadas con los más altos estándares ambientales, garantizando
una explotación de los recursos sostenible con el medio ambiente y beneficiosa para las personas.

COCINEROS

MEXICANOS

Grijalbo

ÍNDICE

En TV Azteca tuvimos la visión de producir un programa que nos permitiera mostrar la riqueza, la diversidad y la mezcla de sabores, aromas y colores que hacen de la comida mexicana algo único en el mundo.

Cocineros Mexicanos ha hecho realidad esa visión. Cada programa es una ventana que se abre para traernos los platillos con los que toda la vida nos hemos reunido en torno a la mesa para celebrar, cumplir años, y hasta corear goles. Un homenaje a esta enorme tradición culinaria mexicana en constante crecimiento.

Nuestra cocina es hoy patrimonio de la humanidad. Pero también ha sido siempre el patrimonio de cada hogar. Como la sazón de mamá y las recetas de la abuela, que no tienen precio, pero tienen un valor inmenso. Eso es lo que, desde Cocineros Mexicanos, festejamos y compartimos cada día con nuestra patria taquera y salsera.

Al igual que el programa, este libro es nuestra manera de decir que estamos orgullosos de nuestra gastronomía, que entre todos, cocineros, madres, taqueros y abuelas, seguimos construyendo...

¡Porque todos somos Cocineros Mexicanos!

Buen provecho

Rodrigo Fernández Capdevielle
Director General Azteca 7

¡De la televisión hasta tu cocina!

En octubre del 2016, salió al aire un programa que nos llenó de mucha alegría y buen sabor. Hoy, Cocineros Mexicanos es el programa de cocina más popular de la televisión mexicana. Durante todo este tiempo, Antonio, JoseRa, Ingrid y Nico nos han mostrado la preparación de sus platillos, ahora nuestros queridos anfitriones presentan su libro de cocina oficial, con sus mejores recetas, que te servirán de mucho por si te perdiste de algún detalle en el programa.

Ya era tiempo de que estos queridos colegas pusieran por escrito su gran conocimiento. Como cada uno es maestro en su especialidad, este recetario es un verdadero mosaico multicolor de recetas, sabores, texturas, que nos abre una gran ventana para descubrir la riqueza gastronómica de México.

Estos portentosos chefs han puesto toda su sazón y magia con recetas fáciles y rápidas. Con la maestría que ellos manejan, han logrado que las recetas complejas o de ocasiones especiales sean sencillas. Por su compromiso y amor al país, el libro contiene recetas de todos los rincones de México, con especial énfasis en el uso de productos mexicanos.

Dale una buena checadita al libro y encontrarás infinidad de consejos y secretos, esos tips que muchos cocineros guardan.

Nuestros queridos chefs de Cocineros Mexicanos ya nos hicieron casi toda la tarea al escoger lo mejor para este libro, ya nada más falta que tú te diviertas cocinando como ellos lo hacen cuando están en su programa.

Chef Ricardo Muñoz Zurita

ANTONIO
COCINERO & CONDUCTOR

ANTONIO DE LIVIER

● **COCINERO** & **CONDUCTOR**

▶ CONOCIDO COMO EL ROCKERO DE LA COCINA, TOÑO DECIDIÓ DEDICARSE A LA GASTRONOMÍA CUANDO VIO QUE POR MEDIO DE LA COMIDA PODÍA HACER FELIZ A LA GENTE.

Nació en Mexicali, Baja California, donde pasó gran parte de su infancia sobre una cancha de tenis soñando ser John McEnroe, uno de los astros más grandes del deporte. Aunque su mamá buscó inculcarle el gusto por la música clásica y lo obligó a tomar clases de piano, Toño tenía una fuerte inclinación hacia el rock melancólico y el heavy metal, por lo que formó varios grupos de rock en los que tocó teclados, guitarra y batería. Su amor por la cocina apareció mucho más tarde, cuando se mudó a Estados Unidos y empezó a trabajar como mesero.

"Recuerdo que entré a la cocina y me encontré con unos chefs que parecían integrantes de un grupo de rock, mal hablados y llenos de tatuajes. Eran unos tipos muy rudos, pero al cocinar y al emplatar se convertían en bailarinas. Hacían todo con una delicadeza espectacular. Cuando vi la felicidad que su comida le daba a la gente, entendí cuál era mi propósito en esta vida y empecé a utilizar mis días libres para aprender a cocinar."

❀ **SOBRE ANTONIO**

Fue uno de los creadores de Pacific Cooks, una plataforma que reunía cocineros para hacer "palomazos gastronómicos".

Adoptó el apelativo De Livier en honor a su madre Livier.

Su comida favorita son los tacos de cabeza.

Le gustan Soda Stereo, Caifanes, New Order y los Pixies.

Su monchis para echar la flojera: huevito con tortilla o pasta bolognese.

▶ VISÍTALO EN

· f /AntonioDeLivier
· ○ @AntonioDeLivier

Ve su video en
COCINEROS MEXICANOS

INGRID RAMOS

● **COCINERA, MAMÁ** & **CONDUCTORA**

▶ INGRID CRECIÓ RODEADA DE MUJERES FUERTES, LUCHONAS Y TRABAJADORAS, QUIENES ADEMÁS TENÍAN EL DON DE HACER MARAVILLAS EN LA COCINA.

"**D**icen que niño latoso, niño feliz, pero creo que mis hermanas y yo nos pasamos de felices"... Así describe Ingrid su niñez en Ojo de Agua, Estado de México. Aunque de pequeña no le interesaba la cocina —quería trabajar en un banco: le gustaba firmar cheques y sellar papeles—, las dotes culinarias las traía en la sangre: "Mi abuela paterna preparaba conservas, moles, helados, tamales, panquecitos, todo como en miniatura. Creo que de ella heredé mi sazón. De mi abuela materna, definitivamente heredé el amor por cocinar y recibir gente. Me encanta". Sin embargo, la primera vez que se sintió atraída por la profesión fue en la primaria, gracias a una de sus travesuras:

"Yo le robaba dinero a mamá porque había una crepería de un chef francés que tenía las crepas más deliciosas. Siempre pedía una con mantequilla y veía cómo el chef la preparaba. No sé si fue el destino, pero muchos años después, cuando por fin decidí que quería estudiar gastronomía, adivina quién me tocó de maestro. El chef francés de la crepería."

 SOBRE INGRID

....

Su primer trabajo fue en una tienda de videos, y si no hubiera sido chef le habría gustado ser bailarina y tocar el saxofón.

Si el mundo se acabara y sólo pudiera comer algo por última vez, elegiría un plato de arroz con frijoles, tortillas y salsa verde recién hecha.

Su monchis para echar la flojera: papitas con cacahuates y chamoy.

 VISÍTALA EN

· f /Ingrid Ramos
· ○ @IngridRVM

Ve su video en
COCINEROS MEXICANOS

INGRID
COCINERA, MAMÁ & CONDUCTORA

JOSÉ RAMÓN CASTILLO

● **CHEF** & **CHOCOLATERO**

SOBRE JOSERA

▶ "TENGO UNA GRAN BENDICIÓN. SI A ALGUIEN LE TENGO QUE AGRADECER ES A DIOS POR DONDE ME HA PUESTO Y POR LA CAPACIDAD QUE ME DIO PARA CREAR. SOY MUY AFORTUNADO."

"El parámetro gastronómico que tienes de niño es la comida de tu familia. Yo, por ejemplo, nunca supe que mi mamá hacía mal el arroz hasta que fui a comer a casa de un amigo", explica José Ramón al hablar de su infancia en la Ciudad de México. Con un paladar desarrollado desde que era muy pequeño, gracias a lo que sus abuelas le preparaban cuando iba a de visita a Chiapas, José Ramón se inició en la cocina por el placer que le daba la buena comida:

"Empecé cocinando el desayuno los domingos; hacía huevos revueltos con lo que hubiera en la alacena". Y cuando su mamá le habló del oficio de cocinero, tuvo claro lo que quería hacer en la vida. "Conocí a un chef que venía de Bélgica y comencé a trabajar con él. A los 16 años lavaba platos en su restaurante los fines de semana. Así fue como empecé."

La gente lo conoce por sus platillos dulces, pero José Ramón es un chef premiado a nivel mundial por su cocina salada.

Es el único latinoamericano que ha ganado el título de Mejor Cocinero Joven de Catalunya, galardonado con el Premio Absoluto.

Su chocolatería está inspirada en la cultura mexicana.

Por su trabajo consume 45 kg de chocolate al año.

Su monchis para echar la flojera: palomitas caseras con aceite de trufa.

▶ **VISÍTALO EN**

· **f** /JoseRaCastillo
· **◯** @JoseRaCastillo

Ve su video en
COCINEROS MEXICANOS

NICO MEJÍA

● **CHEF & VIAJERO**

▶ HIPERACTIVO POR NATURALEZA, NICO VIAJÓ POR EUROPA, ÁFRICA Y LATINOAMÉRICA CON EL OBJETIVO DE APRENDER DEL EXTRANJERO, SÓLO PARA DARSE CUENTA DE QUE LO MEJOR ESTABA EN MÉXICO.

Nacido en una familia de agricultores de Colima, Nico pasó gran parte de su infancia en contacto con el entorno, recolectando lo que la naturaleza tenía para ofrecer: "Siempre andaba de vago en la calle con los amigos por horas. No tenía dinero para comprar, pero me trepaba a los árboles, a los mangos, y no pasaba hambre". Aunque su madre es famosa por su cocina, Nico tardó mucho tiempo en descubrir cuál era su pasión: "Primero quise estudiar derecho, después estudié comercio y ejercí por un buen rato, hasta que un día, hace como 10 años, decidí cambiar mi vida y entré a la gastronomía".

"Esperábamos en el muelle a que los del torneo de pesca deportiva aventaran los esqueletos de pescado. Los recogíamos y con una cuchara raspábamos toda la carne que quedaba pegada a los huesos; después se la llevaba a mi mamá para que hiciera cebiche. Ése fue mi primer trabajo: vender cebiche en la playa. Tenía siete años."

 SOBRE NICO

....

De niño soñaba con ser repartidor de un camión de pastelitos y le encantaba comer hígado encebollado.

Sus ingredientes preferidos: sal de Colima, limón, algas marinas, cerveza y coco.

Sus monchis para echar la flojera: cerveza, tacos de cabeza y pico de gallo.

Su mantra: "El taco no es nada sin la salsa, y la salsa no es nada sin un taco".

▶ VISÍTALO EN

· 📘 /Nico-Mejia
· 🐦 @ NicoMejiaT

Ve su video en
COCINEROS MEXICANOS

NICO

1.1 DULCE MAÑANA

TIEMPO 3 h

BÍSQUETS CON MERMELADA DE FRESA

 8 PERSONAS

INGREDIENTES

Para la base
▶ 240 g de harina
▶ 160 ml de agua
▶ 60 g de azúcar
▶ 40 g de levadura fresca

Para la masa
▶ 600 g de harina
▶ 80 g de azúcar
▶ 3 g de sal
▶ 60 g de leche en polvo
▶ 220 g de mantequilla
▶ 200 g de manteca vegetal
▶ 25 g de polvo para hornear
▶ 70 g de leche
▶ 3 huevos

Mermelada de fresa
▶ 850 g de fresas cortadas en cuartos
▶ 100 ml de agua
▶ 1 cucharada de jugo de limón
▶ 200 ml de pulpa de fresa
▶ 700 g de azúcar
▶ 1½ cucharadas de pectina cítrica

PREPARACIÓN

1. Para la base, mezcla todos los ingredientes, previamente tamizados, empezando por los secos. Deja reposar la masa hasta que fermente y duplique su tamaño.
2. Para la masa, incorpora los ingredientes secos tamizados. Agrega poco a poco los líquidos hasta incorporar perfectamente.
3. Junta las dos masas. Extiende con un rodillo y da dos vueltas de libro (es decir, cuando hayas estirado la masa hasta que ésta tenga la forma de un gran rectángulo, dobla un lado hacia el centro y el otro lado sobre éste del mismo modo. Gira y vuelve a estirar con el rodillo). Corta con un molde para bísquets.
4. Deja reposar los bísquets ya cortados para que la masa fermente de nuevo.
5. Barniza con yema de huevo. Hornea por 25 minutos a 180 °C.

PREPARACIÓN

1. Mezcla el azúcar con la pectina.
2. En otro recipiente, mezcla la pulpa de fresa, el agua y la fresa troceada. Lleva a ebullición por dos minutos.
3. Añade la mezcla de azúcar y pectina. Mueve con batidor globo; evita que se formen grumos.
4. Sigue cociendo a fuego bajo por 15 minutos y agrega el limón.
5. Cuece por siete minutos más y guarda en recipientes esterilizados.

TIP
Si no consigues levadura fresca, utiliza la instantánea y ajusta la cantidad a la mitad.

Corta la fruta en trozos y no la cueles para que no quede como jalea.

1

TIP DEL
DR. PIPE

El desayuno es
la comida más
importante del
día, ya que tu
cuerpo, durante
las primeras
horas, absorbe
de manera
más efectiva
los nutrientes,
vitaminas y
minerales.
Incluye siempre
una o más
fuentes
de energía
(cereales
o fruta) y algo
de proteína.

DESAYUNOS Y ALMUERZOS

PANNA COTTA CON YOGUR Y GRANOLA

TIEMPO 2 h

4 PERSONAS

INGREDIENTES

Panna cotta
- 600 g de yogur griego
- 100 g de miel de agave
- 1 limón (ralladura)
- 1 cucharada de grenetina
- Agua

Granola
- 180 g de avena
- 30 g de pasas
- 30 g de pepita
- 30 g de nuez
- 30 g de arándano
- 30 g de amaranto
- 30 g de pistache
- 30 g de cacahuate
- 100 g de miel

Fruta
- 5 supremas de naranja
- 5 supremas de toronja
- 100 g de frambuesas
- 3 fresas

PREPARACIÓN

1. Hidrata la grenetina con seis cucharadas de agua.
2. Calienta la miel con la ralladura de limón durante un minuto.
3. Incorpora la miel y la grenetina hasta que ésta se disuelva, y luego viértelas en el yogur.
4. Vacía en recipientes y refrigera.
5. Para la granola, mezcla todos los ingredientes, colócalos en una charola cubierta con papel encerado y hornea por 15 minutos a 180 °C.
6. Sirve la panna cotta con un poco de granola y fruta.

Un yogur griego de buena calidad debe ser espeso y no contener mucha agua.

 TIP

Es muy importante hidratar la grenetina para que no queden grumos en la panna cotta.

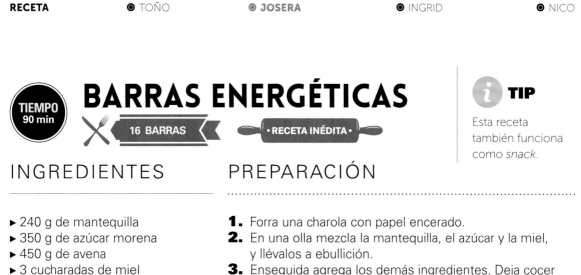

TIEMPO 90 min

BARRAS ENERGÉTICAS

16 BARRAS · RECETA INÉDITA ·

ℹ️ **TIP**

Esta receta también funciona como *snack*.

INGREDIENTES

- ▶ 240 g de mantequilla
- ▶ 350 g de azúcar morena
- ▶ 450 g de avena
- ▶ 3 cucharadas de miel
- ▶ 40 g de almendra picada
- ▶ 40 g de nuez picada
- ▶ 40 g de pepita de calabaza sin cáscara
- ▶ 40 g de amaranto
- ▶ Papel encerado

PREPARACIÓN

1. Forra una charola con papel encerado.
2. En una olla mezcla la mantequilla, el azúcar y la miel, y llévalos a ebullición.
3. Enseguida agrega los demás ingredientes. Deja cocer por dos minutos.
4. Coloca la mezcla sobre la charola y extiéndela.
5. Aplana con una cuchara mojada en agua (para evitar que se pegue), cuidando que la pasta tenga la misma altura en toda su superficie.
6. Hornea por 45 minutos a 160 °C.
7. Deja enfriar, desmolda y quita el papel.
8. Con un cuchillo corta porciones del tamaño que prefieras y refrigera.

Siempre utiliza la mantequilla a temperatura ambiente, no recién salida del refrigerador.

HOT CAKES RELLENOS DE CREMA DE AVELLANA CASERA

TIEMPO 40 min

4 PERSONAS

INGREDIENTES

Hot cakes
- ¾ de taza de leche
- 1 taza de harina
- 2 cucharadas de azúcar
- 1 cucharadita de polvo para hornear
- ½ cucharadita de bicarbonato de sodio
- ½ cucharadita de sal
- 1 huevo
- 2 cucharadas de mantequilla derretida
- Aceite en aerosol

Crema de avellana casera
- 330 g de avellanas tostadas sin piel
- 45 g de cocoa en polvo
- 2 cucharadas de aceite de girasol
- 1 cucharada de vainilla líquida

"Mi desayuno culposo es una sincronizada con huevo estrellado. Romper la yema y dejar que se escurra es como un beso de mamá cuando estás enfermo."

JOSERA

PREPARACIÓN

1. Para los hot cakes, mezcla todos los ingredientes hasta formar una pasta homogénea.
2. Rocía un poco de aceite en aerosol en una sartén caliente; vierte una porción de masa; cuando se cueza, coloca crema de avellana casera en el centro.
3. Vierte otra porción de masa para cubrir la crema de avellana y voltea.
4. Haz varias porciones por persona.

TIP

Agrega el relleno en cuanto las burbujas en la masa empiecen a reventarse.

Puedes acompañarlos con frutos rojos y miel de maple.

PREPARACIÓN

1. Calienta las avellanas en la estufa hasta que se vean brillosas.
2. Colócalas en el procesador de alimentos con los demás ingredientes durante aproximadamente 15 minutos, hasta obtener una pasta.

1.2 DESAYUNO TÍPICO MEXICANO

TIEMPO 20 min

BURRITO DE MACHACA CON HUEVO

6 PERSONAS

INGREDIENTES

Burrito de machaca
- ▶ 2 tazas de machaca
- ▶ 12 huevos
- ▶ 6 tortillas de harina grandes
- ▶ 1 taza de frijoles bayos refritos
- ▶ Aceite

Salsa tatemada
- ▶ 4 jitomates asados
- ▶ Chiles jalapeños al gusto
- ▶ 1 diente de ajo
- ▶ ¼ de cebolla asada
- ▶ 1 cucharadita de orégano
- ▶ Sal gruesa

 TIP

La machaca contiene suficiente sal; no agregues más a esta receta.

PREPARACIÓN

1. Para la machaca, calienta una sartén con poco aceite. Agrega el huevo ligeramente batido y mezclado con la machaca. Prepara de la manera tradicional para huevo revuelto.

2. Para la salsa, licua todos los ingredientes.

3. Calienta una tortilla, úntale frijoles y rellena con la preparación de huevo y machaca.

4. Dora el burrito en una sartén caliente. Corta por la mitad y sirve acompañado de la salsa tatemada.

Para que la machaca con huevo quede más jugosa exprime medio jitomate mientras la cocinas.

DATO CURIOSO

Se dice que, en tiempos de la Revolución, un hombre vendía tacos de guisado montado en su burro; de ahí el nombre de "burritos".

TIEMPO 15 min

CONCHAS CON FRIJOLES, NATA Y QUESO

4 PERSONAS

INGREDIENTES

- ▶ 200 g de frijoles negros
- ▶ 3 dientes de ajo
- ▶ ¼ de cebolla blanca
- ▶ 2 tortillas de maíz
- ▶ 1 hoja santa
- ▶ 1 chile chilaca o caribe entero
- ▶ 1 taza de nata
- ▶ ½ taza de queso fresco
- ▶ 4 conchas (pan dulce)
- ▶ 1 taza de manteca de cerdo

Para agregar un toque de sabor, añade un chile güero y tortilla a la manteca.

PREPARACIÓN

1. Remoja los frijoles en agua una noche antes.

2. Pon a hervir los frijoles en suficiente agua y con un diente de ajo. Esto requiere aproximadamente dos horas, dependiendo de la olla y del fuego.

3. Pica finamente los dos ajos restantes y la cebolla. Reserva.

4. Calienta la manteca en una cacerola; cuando empiece a echar humo, fríe las tortillas (que deberán estar cortadas en tiras o triángulos) y el chile; una vez que estén dorados, sácalos de la manteca. Reserva.

5. Fríe en la manteca el ajo y la cebolla picados; cuando estén dorados agrega los frijoles ya cocidos con poco caldo, y machácalos ligeramente. Añade las tortillas y el chile; sofríe por ocho minutos más y sazona.

6. Agrega la hoja santa y retira del fuego.

7. Parte las conchas por la mitad; unta los frijoles y luego añade nata y queso fresco al gusto.

TIP

Cuando compres manteca de cerdo, asegúrate de que su color sea claro y que su olor no sea desagradable.

"Las conchas con frijoles y nata, la tortilla quemada y el aroma a café me recuerdan la cocina de mi abuela."

TOÑO

ENCHILADAS VERDES

TIEMPO 40 min

6 PERSONAS

INGREDIENTES

- ▸ 500 g de tomate verde
- ▸ 3 chiles verdes
- ▸ ½ cebolla
- ▸ 2 dientes de ajo
- ▸ 2 cucharadas de cilantro picado
- ▸ 18 tortillas de maíz
- ▸ ½ taza de aceite
- ▸ 1 ½ tazas de pollo deshebrado
- ▸ 1 taza de crema espesa
- ▸ 150 g de queso Chihuahua rallado
- ▸ Sal
- ▸ Aros de cebolla y cilantro picado para decorar
- ▸ Agua

Siempre que lleves a ebullición un producto de color verde, agrega un poquito de sal. Eso ayudará a acentuar el color.

TIP DEL DR. PIPE

Cambia las tortillas de maíz por tortillas de nopal para hacer tu platillo más saludable.

PREPARACIÓN

1. Pon a hervir una cacerola con agua. Agrega los tomates, los chiles, la cebolla y el ajo. Retira en cuanto los tomates adquieran un tono más pálido. Licua todo con el cilantro y sazona al gusto.

2. Calienta aceite en una sartén a fuego bajo y sofríe las tortillas unos segundos. Retira las tortillas y quítales el exceso de grasa. Rellénalas con el pollo deshebrado y dóblalas como si fueran quesadillas. Acomódalas en un refractario.

3. Baña las enchiladas con la salsa verde y cubre con queso rallado. Hornea a 200 °C durante 10 minutos para que el queso se gratine.

4. Decora con los aros de cebolla y el cilantro picado. Incorpora sal y crema.

 TIP

Calienta las tortillas en un comal antes de meterlas a freír para que no absorban mucho aceite.

TIEMPO 35 min

HUEVOS MOTULEÑOS

4 PERSONAS

INGREDIENTES

Tortillas de harina
- ▶ 1 kg de harina de trigo
- ▶ 45 g de mantequilla
- ▶ 3 cucharadas de sal
- ▶ 1 cucharadita de polvo para hornear
- ▶ 100 g de manteca vegetal
- ▶ 1 l de agua

PREPARACIÓN

1. Pon a hervir el agua en una olla. Una vez caliente, añade la mantequilla.
2. En un recipiente mezcla la harina, el polvo para hornear y la sal. Después agrega la manteca y mezcla perfectamente.
3. Añade el agua poco a poco; mezcla con ayuda de una pala.
4. Deja reposar por cinco minutos.
5. Forma bolitas con pequeñas porciones de masa. Pásalas por una prensa de tortillas (o usa un rodillo de madera para extenderlas) y cuécelas en una plancha o comal a temperatura media.

Si no tienes batidora, puedes trabajar la harina con las manos.

 TIP

Es muy importante que utilices un rodillo de madera.

Para romper los huevos sin dañar la yema, utiliza un plato; posteriormente incorpóralos con cuidado en la sartén.

....

DATO CURIOSO

El inventor de este platillo era originario del municipio de Motul, Yucatán; de ahí el nombre de "huevos motuleños".

INGREDIENTES

Huevos motuleños
- ▸ 10 tortillas de maíz
- ▸ 500 g de frijoles negros refritos
- ▸ 8 huevos
- ▸ Aceite (c/s)
- ▸ 200 g de chícharos cocidos
- ▸ 150 g de jamón en rebanadas gruesas
- ▸ 150 g de queso amarillo
- ▸ 200 g de queso doble crema
- ▸ 1 plátano macho
- ▸ Sal y pimienta
- ▸ Agua

Salsa
- ▸ 700 g de jitomate
- ▸ 3 dientes de ajo
- ▸ 150 g de cebolla
- ▸ Aceite (c/s)

PREPARACIÓN

....

1. Para la salsa, corta los jitomates y la cebolla en cuartos. Sofríe en aceite. Agrega el ajo en mitades y retira del fuego hasta que todo esté dorado.
2. Licua con un poco de agua. Vierte la salsa licuada en una olla y sazona con sal y pimienta; reserva.
3. Corta el jamón y el queso amarillo en cubos pequeños. Desmorona el queso doble crema. Reserva.
4. Corta el plátano macho sesgado (en diagonal) y sofríe en una sartén con aceite hasta que esté dorado; reserva. Después sofríe los chícharos; reserva.
5. En una sartén fríe las tortillas; reserva. En esa misma sartén haz los huevos estrellados.
6. Unta frijoles negros refritos en las tortillas ya fritas. Pon los huevos estrellados encima.
7. Baña los huevos con la salsa. Espolvorea queso doble crema. Añade los chícharos, el jamón y el queso amarillo.
8. Acompaña con el plátano macho frito.

2.1 SOPAS

TIEMPO 40 min

SOPA DE TORTILLA

6 PERSONAS

INGREDIENTES

- ▶ Papel absorbente
- ▶ 12 tortillas de maíz
- ▶ 2 l de caldo de pollo
- ▶ 500 g de jitomate
- ▶ ½ cebolla finamente picada
- ▶ 1 diente de ajo picado
- ▶ 10 g de chile guajillo (limpio y sin semillas)
- ▶ 10 g de chile ancho (limpio y sin semillas)
- ▶ 4 chiles pasilla (limpios y sin semillas)
- ▶ 1 aguacate
- ▶ 1 rama de perejil
- ▶ 1 rama de epazote
- ▶ ¼ de taza de queso panela
- ▶ ¼ de taza de crema fresca
- ▶ Aceite vegetal (c/s)
- ▶ Sal y pimienta (c/s)

PREPARACIÓN

1. Corta las tortillas en tiras largas y delgadas. Fríelas y resérvalas sobre papel absorbente.
2. Pon a cocer el jitomate, la cebolla, el ajo y los chiles ancho y guajillo en suficiente caldo de pollo hasta que estén suaves. Licua, cuela y vuelve a hervir en la olla.
3. Añade el resto del caldo de pollo al caldillo de jitomate y déjalo hervir por cinco minutos más.
4. Agrega perejil y epazote; sazona.
5. Para servir, coloca tiras de tortilla y caldillo de jitomate en un tazón; agrega cubos de aguacate, queso panela, una cucharada de crema fresca y chile pasilla (limpio y ligeramente sofrito).

ⓘ TIP

Fríe una tortilla y muélela para darle más consistencia al caldo.

Amarra el epazote en un ramillete para que puedas retirarlo fácilmente.

TIEMPO 30 min

SOPA DE PAPA CON QUESO

8 PERSONAS

INGREDIENTES

- ▸ 1 pechuga de pollo sin piel
- ▸ 2 piernas de pollo sin piel
- ▸ 1 muslo de pollo sin piel
- ▸ 3 dientes de ajo
- ▸ 1 rama de apio
- ▸ ½ cebolla blanca
- ▸ 3.5 l de agua
- ▸ 500 g de papas blancas peladas y cortadas en octavos
- ▸ 5 chiles poblanos asados y limpios
- ▸ 250 g de queso panela
- ▸ 150 g de queso chiapaneco
- ▸ 300 g de jitomate saladet
- ▸ 1 rama de epazote
- ▸ Sal y pimienta (c/s)

PREPARACIÓN

1. En una olla con agua pon a cocer las piezas de pollo junto con el apio, el ajo y la cebolla; añade sal y pimienta.

2. Retira el pollo del caldo y reserva. Cuela el caldo y regrésalo a la olla. Ahí mismo pon a cocer las papas y agrega el queso chiapaneco.

3. Corta los jitomates y el queso panela en cubos; rebana los chiles en julianas (tiras) y agrega al caldo.

4. Deshebra el pollo y agrégalo al caldo junto con el epazote; sazona y deja cocer por cinco minutos más.

Si quieres que los chiles poblanos piquen, elige los que sean de color verde claro brillante y tengan el rabito recto.

i TIP

Para que el pollo no pierda su consistencia, agrégalo en trozos, en vez de deshebrarlo.

DATO CURIOSO

Esta sopa es típica de Sonora.

TIEMPO 40 min

CALDO TLALPEÑO

🍴 6 PERSONAS

INGREDIENTES

- ▶ Agua
- ▶ 1.5 l de caldo de pollo
- ▶ 500 g de pechuga de pollo sin piel
- ▶ 250 g de garbanzos cocidos
- ▶ 250 g de zanahoria
- ▶ 200 g de ejotes
- ▶ 250 g de calabaza
- ▶ 2 dientes de ajo picados
- ▶ 50 g de cebolla picada
- ▶ 300 g de jitomates asados
- ▶ 2 ramitas de epazote
- ▶ 6 ramitas de cilantro
- ▶ Chipotle adobado al gusto
- ▶ 2 aguacates
- ▶ 300 g de limón
- ▶ Sal y pimienta (c/s)
- ▶ Aceite

 TIP

Usa hilo de cáñamo para amarrar el epazote y el cilantro; si no lo tienes, haz un lacito con plástico para alimentos.

PREPARACIÓN

1. Pon a cocer el pollo con suficiente agua. Después de 15 minutos agrega las zanahorias, los ejotes y los garbanzos.
2. En una sartén con aceite sofríe el ajo, la cebolla y el jitomate. Licua junto con el chile chipotle; cuela y agrega al caldo de pollo.
3. Añade el epazote y el cilantro al caldo; deja hervir todo hasta que el pollo esté bien cocido.
4. Saca el pollo cocido del caldo y deshébralo; luego regrésalo al caldo.
5. Agrega las calabazas; sazona y deja cocer por 10 minutos más.
6. Acompaña con aguacate y limón.

Remoja el garbanzo en agua un día antes para que esté más suave.

TIEMPO
35 min

POZOLE DE HONGOS

8 PERSONAS   • RECETA INÉDITA

INGREDIENTES

- ▶ 450 g de maíz pozolero precocido
- ▶ 8 chiles guajillo
- ▶ 400 g de champiñón
- ▶ 2.5 l de caldo de pollo
- ▶ 2 ramitas de epazote
- ▶ ½ cebolla
- ▶ 2 dientes de ajo
- ▶ 4 hojas de lechuga
- ▶ 8 limones
- ▶ 4 rábanos picados
- ▶ Chile piquín
- ▶ 4 cucharaditas de orégano
- ▶ 12 tostadas

PREPARACIÓN

1. Rebana los champiñones y cuécelos en caldo de pollo con las ramitas de epazote. Una vez que estén cocidos, separa el caldo de los champiñones. En el caldo pon a cocer el maíz hasta que el grano se abra como una flor.

2. En otro poco de caldo de pollo, cuece los chiles guajillo, la cebolla y el ajo. Licua, cuela y vierte en una olla con un poco de aceite; sazona.

3. Cuando el maíz esté listo, agrega el adobo y más caldo de pollo; verifica el sabor.

4. Añade los champiñones y deja hervir unos minutos más.

5. Sirve el pozole acompañado de lechuga, rábanos, limón, orégano, chile piquín y tostadas.

Puedes agregar setas frescas a esta receta.

 TIP

No se recomienda congelar.

2.2 ARROCES

TORTILLA DE ARROZ

TIEMPO 15 min

4 PERSONAS

INGREDIENTES

- ▶ 300 g de arroz cocido
- ▶ 200 g de cebolla en juliana
- ▶ 100 g de chile poblano asado y en juliana
- ▶ 4 huevos
- ▶ 1 diente de ajo picado

PREPARACIÓN

1. En una sartén pon a cocer la cebolla, el ajo y el chile poblano.
2. Cuando esté cocida la cebolla agrega el arroz. Mezcla bien y vacía los ingredientes en un recipiente.
3. Bate ligeramente el huevo con ayuda de un batidor globo y añádelo sobre el arroz. Mezcla.
4. Vierte la mezcla en una sartén antiadherente; mueve cuidadosamente hasta que esté un poco cocida y tapa con otra sartén.
5. Baja el fuego y deja cocer. Voltea la tortilla y sirve.

Para sacar la tortilla de la sartén sin que se rompa, coloca un plato encima y dale la vuelta.

TIP

La sartén debe estar caliente para que cuando pongas el huevo puedas formar la tortilla sin que se pegue.

ARROZ CREMOSO EN SALSA POBLANA

6 PERSONAS

Cuando el caldo de pollo esté listo, agrega la misma cantidad de agua para que puedas cocinar el arroz.

INGREDIENTES

Arroz
▸ 1 taza de arroz para risotto
▸ 6 tazas de caldo de pollo
▸ 1 taza de maíz pozolero
▸ 4 tazas de agua
▸ 3 cucharadas de cebolla blanca finamente picada
▸ 1 ajo picado muy finito
▸ 200 g de mantequilla sin sal
▸ 90 ml de crema para batir
▸ 60 ml de aceite de oliva
▸ 150 g de espárragos sin tallo, cortados en trozos de 1 cm
▸ 4 cucharadas de queso parmesano rallado

Salsa poblana
▸ 4 chiles poblanos asados y completamente limpios
▸ 50 g de espinacas sin tallo
▸ 2 tomates verdes partidos por la mitad
▸ ¼ de cebolla blanca
▸ 1 hoja santa
▸ Agua con sal (c/s)
▸ 60 ml de aceite de oliva

PREPARACIÓN

1. Para el arroz, cuece el maíz pozolero en el caldo de pollo; una vez cocido retira del caldo y reserva. Conserva el caldo en la lumbre y agrega agua.

2. En una olla aparte derrite 100 g de mantequilla con el aceite de oliva; agrega la cebolla y el ajo, y dora por tres minutos.

3. Añade el arroz y sofríe por dos minutos sin dejar de mover para evitar que se pegue o se queme. Agrega el maíz pozolero cocido; sofríe por un minuto más.

4. Agrega caldo al arroz hasta cubrirlo; mueve de vez en vez.

5. Agrega más caldo hasta que al arroz le falte poco para estar cocido.

6. En ese momento agrega los espárragos y la crema para batir; verifica que el arroz no esté ni muy seco ni muy caldoso.

7. Agrega el resto de la mantequilla y el queso parmesano. Retira del fuego, tapa y deja reposar por cuatro minutos sin abrir.

8. Para la salsa de poblano, hierve los tomates y la cebolla con sal por dos minutos; retira y coloca los tomates y la cebolla en la licuadora.

9. En la misma olla, hierve las espinacas y la hoja santa en agua por un minuto; sácalas del agua y ponlas en la licuadora junto con los tomates.

10. Añade a la licuadora los poblanos asados y limpios. Licua. Agrega aceite de oliva poco a poco; continúa licuando hasta que tengas una salsa fina (sin grumos).

11. En un plato forma un espejo con la salsa y coloca un poco de arroz encima; espolvorea queso parmesano y disfruta.

DATO CURIOSO

La hoja santa se llama así porque se dice que crecía cerca de las capillas.

2.3 PASTAS

PASTA RABIOSA

TIEMPO 25 min

2 PERSONAS

INGREDIENTES

- ▸ 500 g de fetuchini
- ▸ 300 ml de puré de jitomate
- ▸ 5 chiles de árbol troceados
- ▸ 1 diente de ajo rebanado finamente
- ▸ 90 ml de aceite de oliva extra virgen
- ▸ 1 taza de perejil lacio cortado rústicamente
- ▸ Queso parmesano (c/s)
- ▸ Sal

TIP DEL
DR. PIPE

Para un menú más saludable utiliza pasta de harina integral.

PREPARACIÓN

1. Calienta el aceite de oliva en una sartén a fuego medio. Pon a dorar el ajo.
2. Una vez dorado el ajo, agrega el chile troceado y dóralo también unos segundos; agrega el puré de jitomate y sofríe por cinco minutos.
3. Cuece la pasta en una olla con agua hirviendo y sal.
4. Escurre la pasta cocida y añade a la salsa de jitomate. Cocina por cinco minutos más. Agrega el perejil; sazona y mezcla bien.
5. Acompaña con queso parmesano.

Lo ideal es cocer la pasta poco antes de cocinar y servir.

TIP

Si cueces la pasta con anticipación, escúrrela y báñala con un poco de aceite de oliva para evitar que se pegue.

TIEMPO 25 min

PASTA CON FLOR DE CALABAZA

6 PERSONAS

INGREDIENTES

- ► 500 g de espagueti
- ► 500 ml de crema para batir
- ► 1 diente de ajo finamente picado
- ► 1 manojo de flor de calabaza (lavada y sin pistilo)
- ► 3 cucharadas de cebolla picada
- ► 150 g de calabacita cortada en cubos
- ► 50 g de mantequilla
- ► Sal y pimienta
- ► 90 ml de aceite de oliva
- ► 5 cucharadas de queso Cotija
- ► Agua

(i) **TIP**

Usa mantequilla de buena calidad; evita la margarina.

TIP DEL
DR. PIPE

Para un menú más *light*, utiliza especias como romero, clavo, orégano, tomillo o pimienta para dar sabor. Evita mantequillas y cremas.

PREPARACIÓN

1. Cuece la pasta en una olla con agua hirviendo y sal. Una vez cocida, retira del fuego y escurre. Reserva en un refractario y baña con aceite de oliva.

2. En una cacerola funde la mantequilla y cocina la cebolla finamente picada y el ajo; después agrega la calabacita cortada en cubos y la flor de calabaza troceada. Cocina unos minutos y sazona. Cuida que no se desbarate la flor.

3. Agrega la crema y hierve por tres minutos o hasta que la salsa espese un poco. Agrega la pasta cocida y rectifica la sazón. Añade sal y pimienta al gusto.

4. Sirve y agrega el queso Cotija.

Compra flor de calabaza fresca; no utilices la enlatada.

TIEMPO 90 min

LASAÑA VERDE

8 PERSONAS   • RECETA INÉDITA •

INGREDIENTES

Lasaña
- ▸ 500 g de láminas para lasaña
- ▸ Agua
- ▸ Sal

Relleno
- ▸ 120 ml de aceite de oliva
- ▸ 300 g de champiñones blancos picados
- ▸ 300 g de hongos portobello picados
- ▸ 1 diente de ajo finamente picado
- ▸ 10 ramitas de tomillo
- ▸ 150 g de verdolagas limpias
- ▸ ½ taza de perejil picado
- ▸ 3 yemas
- ▸ 1 limón amarillo (ralladura)
- ▸ ½ taza de queso parmesano rallado
- ▸ Sal y pimienta
- ▸ ¼ de cucharada de chile quebrado
- ▸ 2 tazas de queso mozzarella rallado
- ▸ 2 tazas de requesón

Salsa de espárragos
- ▸ Agua caliente con sal para blanquear
- ▸ 500 g de espárragos sin tallo fibroso
- ▸ 1 diente de ajo
- ▸ 100 g de espinaca
- ▸ 1 chile poblano crudo, limpio y sin semillas
- ▸ 1 limón amarillo (ralladura)
- ▸ 60 ml de aceite de oliva
- ▸ Hielo
- ▸ Queso parmesano

PREPARACIÓN

1. Coloca la pasta en agua hirviendo con sal por tres minutos; no dejes que se cueza completamente. Sácala del agua y déjala enfriar en una charola engrasada.

2. Para el relleno, calienta una cacerola con aceite de oliva a fuego medio. Saltea el ajo, los champiñones, los portobellos, las verdolagas y el chile quebrado por tres minutos. Agrega tomillo, perejil, sal y pimienta, y cuece durante tres minutos más. Una vez listo, coloca en una charola y deja enfriar.

3. Cuando el relleno esté frío, colócalo en un recipiente hondo y agrega la ralladura de limón, el queso parmesano y las yemas. Mezcla bien y reserva.

4. Para la salsa de espárragos necesitas una olla con agua hirviendo y sal, además de un tazón con agua y hielos.

5. En el agua hirviendo agrega el chile poblano y el ajo; déjalos cocer por un minuto. Sácalos del agua y pásalos inmediatamente al tazón de agua con hielo hasta que se enfríen.

6. En la misma agua hirviendo sumerge los espárragos por 40 segundos; sácalos y pásalos al tazón de agua con hielo para que se enfríen.

7. Repite el mismo proceso con las espinacas.

8. Licua todas las verduras (chiles poblanos, espárragos y espinacas) con un poco de agua de la cocción; agrega la ralladura de limón y el queso parmesano. Con la licuadora en marcha, agrega poco a poco el aceite.

9. Engrasa el molde en que se armará la lasaña. Pon una capa de salsa de espárragos, después una capa de pasta, luego una capa de relleno, después requesón y queso mozzarella. Repite este proceso hasta obtener dos capas de cada cosa; finaliza con la pasta.

10. Sobre la pasta coloca un poco más de salsa de espárragos. Hornea por 45 minutos a 180 °C.

Para evitar que se peguen las hojas de lasaña una vez cocidas, mantenlas sumergidas en agua fresca con un chorrito de aceite.

 TIP

Agrega chile poblano a la salsa de espárragos; puedes utilizar el que venden congelado en rajas.

TIEMPO 60 min

FIDEO SECO ENFRIJOLADO

6 PERSONAS

INGREDIENTES

- ► 500 g de fideo seco del número 0
- ► Aceite (c/s)
- ► 350 g de frijoles negros cocidos
- ► 1 l de caldo de frijol
- ► 2 ajos
- ► 4 chiles guajillo limpios y sin semillas
- ► ¼ de cebolla blanca
- ► 1 ramita de hierbas de olor
- ► 2 tazas de chicharrón troceado
- ► 5 ramitas de cilantro
- ► ¼ de cebolla morada fileteada
- ► ⅓ de taza de queso Cotija rallado
- ► ½ taza de crema
- ► Agua

PREPARACIÓN

1. Cuece los frijoles con suficiente agua; añade el ajo, la cebolla blanca y las hierbas de olor. Cuando los frijoles estén cocidos, sepáralos y reserva. No tires el caldo: servirá para cocer el fideo.

2. Calienta aceite en una cacerola a fuego medio; agrega el fideo y dóralo, moviendo continuamente. Una vez que tenga un dorado uniforme, añade el caldo de frijol. Añade las ramitas de cilantro para aromatizar. Cuece con la olla tapada y a fuego bajo durante cinco minutos. Verifica que el fideo no quede duro; si es necesario agrega más caldo o agua.

3. Con unas tijeras corta los chiles guajillo en tiras muy delgadas. Fríe rápidamente en una sartén caliente con poco aceite. Elimina el exceso de grasa.

4. Una vez cocido el fideo, añade los frijoles y la mitad de los pedazos de chicharrón. Sazona.

5. Vacía la preparación en un refractario.

6. Para servir añade las guarniciones: crema, cebolla morada fileteada, queso Cotija rallado, trocitos de chicharrón y chile guajillo frito.

 TIP

Al terminar la preparación, métela al horno durante 10 minutos para que el fideo tome cuerpo y espese.

Cuando los frijoles estén listos,
lícualos con el ajo y la cebolla
que utilizaste para su cocción.

"Lo que más recuerdo de la casa de mi
abuela son las cazuelas de barro, la sopa de
fideo, la salsa recién hecha y el fideo seco."

INGRID

2.4 PLATO FUERTE

TIEMPO 30 min

CAMARONES A LA DIABLA

4 PERSONAS

INGREDIENTES

- ▸ 1 kg de camarón grande
- ▸ ½ taza de chile chipotle molido
- ▸ 2 tazas de crema para batir
- ▸ ½ taza de cátsup
- ▸ 4 cucharadas de vinagre de manzana
- ▸ 1 limón (jugo)
- ▸ 3 dientes de ajo picados
- ▸ ¼ de cebolla picada
- ▸ 2 cucharadas de aceite de oliva

Agrega cerveza a la salsa para mejorar el sabor.

PREPARACIÓN

1. Licua el chile chipotle, la salsa cátsup, la crema para batir y el vinagre de manzana.
2. En una sartén con aceite de oliva saltea los camarones limpios a fuego medio hasta que tomen un color anaranjado claro y estén ligeramente dorados. Añade el ajo y la cebolla. Sazona.
3. Vierte la mezcla licuada en la sartén de los camarones y cocina unos minutos hasta que espese. Añade el jugo de limón y rectifica la sazón.

"Mi hermana hace los mejores camarones a la diabla que he probado."

TOÑO

Compra camarones jumbo con cabeza y cáscara; tienen más sabor.

  TIP

No pongas el ajo sobre los camarones; ponlo a un lado para que se cocinen de forma uniforme.

TIEMPO 2 h

MUSLOS EN PILONCILLO Y CHILE

6 PERSONAS

INGREDIENTES

- ▶ 1.5 kg de muslos de pollo con piel
- ▶ 5 chiles pasilla desvenados
- ▶ 5 piezas de piloncillo
- ▶ ½ taza de vinagre de arroz
- ▶ ¼ de taza de salsa de soya
- ▶ ¼ de cebolla
- ▶ 4 ramitas de salvia fresca
- ▶ Agua (c/s)
- ▶ Sal

Para esta receta puedes utilizar carne de puerco en lugar de pollo.

Si no tienes chile pasilla puedes utilizar cualquier otro chile seco, como, por ejemplo, el morita.

PREPARACIÓN

1. En una olla pequeña pon a hervir el agua con el piloncillo hasta obtener una miel ligera.
2. Agrega el vinagre de arroz y la salsa de soya a la miel.
3. Tatema (tuesta) el chile pasilla limpio y sin semillas; lícualo junto con la miel de piloncillo para obtener un glaseado.
4. En una olla pon la cebolla, la salvia y la sal con un poco de agua. Cuece los muslos de pollo por 45 minutos aproximadamente.
5. Retira el pollo del agua, colócalo en un refractario y báñalo con un poco de glaseado.
6. Coloca los muslos glaseados sobre una charola; hornéalos a 180 °C por una hora aproximadamente.
7. De vez en cuando baña los muslos con el glaseado para evitar que se sequen.

ⓘ TIP

Coloca el pollo sobre la charola con la piel hacia arriba para que tenga una mejor cocción.

TIEMPO 50 min

CHICHARRÓN PRENSADO EN RECADO NEGRO

 4 PERSONAS

• RECETA INÉDITA •

INGREDIENTES

Chicharrón prensado
▸ 300 g de chicharrón prensado natural
▸ 1 taza de cebolla blanca picada
▸ 2 dientes de ajo picados
▸ 60 ml de aceite vegetal
▸ 5 hojas de epazote

Recado negro
▸ 1 taza de jugo de naranja agria
▸ 1 taza de agua
▸ 4 cucharadas de recado negro (chilmole)

PREPARACIÓN

1. Diluye el recado negro con jugo de naranja agria y agua. Reserva.
2. En una olla con aceite vegetal sofríe el ajo y la cebolla. Agrega el chicharrón prensado y sofríe por tres minutos.
3. Agrega el recado negro diluido en agua y jugo; tapa y continúa cocinando a fuego alto por cinco minutos.
4. Agrega las hojas de epazote.
5. Disfruta de tacos deliciosos.

El chicharrón prensado de buena calidad es de color café, no rojizo. Si estás en la CDMX puedes conseguirlo en los mercados o en una carnicería.

TIP DEL **DR. PIPE**

Llevar una dieta baja en grasas es benéfico para tu salud. Consume este tipo de alimentos sólo de vez en cuando.

TIEMPO 4 h

COSTILLAS DE RES Y GUAJILLO

6 PERSONAS

INGREDIENTES

Costillas
- ▶ 2 kg de costilla de res
- ▶ 12 nopales pequeños
- ▶ Sal y pimienta
- ▶ Aceite
- ▶ Agua

Adobo
- ▶ 15 chiles guajillo limpios y sin semillas
- ▶ 3 dientes de ajo
- ▶ 1 cucharadita de jengibre picado
- ▶ 90 ml de tequila blanco
- ▶ 150 g de masa de nixtamal

Se recomienda comer este platillo con las manos. Puedes ayudarte con una tortilla.

Ensalada de berros
- ▶ 150 g de berros
- ▶ 90 ml de aceite de oliva
- ▶ 60 ml de jugo de limón
- ▶ ½ taza de queso Cotija desmoronado
- ▶ Sal de Colima (sal de grano)

PREPARACIÓN

1. Salpimenta las costillas dos horas antes de cocinar.
2. En una olla pon aceite y sofríe las costillas ligeramente; después añade agua y cocina las costillas a fuego medio por una hora.
3. Saca un litro de caldo de la cocción y licua con ella todos los ingredientes del adobo: chiles guajillo, ajos, jengibre, tequila y masa de nixtamal.
4. Agrega el adobo y los nopales a la olla de las costillas. Cocina durante una hora y media más a fuego medio o hasta que la carne se despegue del hueso.
5. Sirve las costillas acompañadas de ensalada de berros y tortillas de maíz.

PREPARACIÓN

1. Mezcla los berros con el queso cotija y adereza con el limón y el aceite de oliva. Sazona con sal de Colima.

2.5 MENOS DE 100 PESOS

TIEMPO 35 min

CROQUETAS DE QUESO Y PAPA CON ENSALADA DE NOPAL

4 PERSONAS

Como mamás hay momentos en los que debemos hacer rendir la quincena; por eso hice esta selección especial de recetas deliciosas y muy económicas, con las que podemos consentir a nuestra familia sin descuidar el bolsillo.

No tengas miedo de hacer una receta con un presupuesto bajo. Ve al mercado con un menú bien planificado y compra sólo lo que realmente necesitas. En el mercado obtendrás productos frescos, de muy buena calidad, a muy buen precio, y además estarás apoyando a los pequeños productores mexicanos.

¡Vamos al mercado!

INGRID

INGREDIENTES

Croquetas de queso y papa

- ▶ 1 kg de papa blanca
- ▶ 2 huevos
- ▶ 250 g de pan molido
- ▶ 1 l de aceite
- ▶ 120 g de queso Cotija rallado
- ▶ Sal de grano (c/s)
- ▶ Pimienta
- ▶ Agua

PREPARACIÓN

1. Para las croquetas pela las papas y cuécelas en agua con sal. Cuando estén bien cocidas, machácalas para obtener un puré.

2. Agrega un huevo, el queso Cotija rallado, sal y pimienta, y mezcla hasta incorporar muy bien con las papas.

3. Forma las croquetas; pásalas por huevo batido y luego por pan molido. Fríe con poco aceite.

No dejes que la papa se enfríe; es mucho más fácil aplastarla cuando está caliente.

ⓘ TIP

Siempre que fríes algo, ten listo un plato con papel absorbente para que escurras y elimines el exceso de grasa de los alimentos fritos.

Para desflemar la cebolla utiliza un poco de jugo de limón.

INGREDIENTES

Ensalada de nopal

- ▶ 6 nopales
- ▶ 500 g de jitomate
- ▶ 1 cebolla blanca cortada en juliana y desflemada
- ▶ 1 aguacate
- ▶ 5 limones, para desflemar
- ▶ 6 ramas de cilantro
- ▶ 40 g de queso Cotija
- ▶ Sal de grano (c/s)

4. Para la ensalada, corta los nopales en juliana (tiras); ponles sal de grano para curtirlos y colócalos en un colador sobre un tazón. Una vez que han soltado la baba y están suaves, enjuágalos con agua fresca, retira los residuos de sal y escurre.

5. Mezcla los nopales con la cebolla desflemada y los jitomates cortados en medias lunas, el aguacate en cubos, el cilantro y el queso Cotija.

6. Sirve las croquetas acompañadas de ensalada de nopal.

TIEMPO
30 min

CHILES RELLENOS

4 PERSONAS

INGREDIENTES

- ▸ 4 chiles poblanos
- ▸ 500 g de queso Oaxaca
- ▸ 7 tomates verdes
- ▸ 1 cebolla blanca
- ▸ 2 huevos
- ▸ 500 ml de aceite
- ▸ 1 chile pasilla
- ▸ 150 g de frijol negro
- ▸ 1 diente de ajo
- ▸ 1 chile cuaresmeño

PREPARACIÓN

1. Asa los chiles poblanos y el pasilla; retira la piel y las semillas. Reserva.
2. Sofríe los tomates, la mitad de la cebolla y el ajo; cuando comiencen a sudar, agrega un poco de agua y déjalos hervir. Licua con el chile pasilla, cuela y regresa a la olla. Sazona.
3. Cuece los frijoles negros. Pica la otra mitad de la cebolla y el chile cuaresmeño; sofríe en una olla y agrega los frijoles ya cocidos.
4. Rellena los chiles poblanos con queso Oaxaca. Para el capeado, bate los huevos a punto de espuma firme; sumerge los chiles y fríelos en una sartén con aceite caliente.
5. Sirve los chiles acompañados de frijoles y salsa de pasilla.

Para desprender la piel del chile, tatémalo e introdúcelo en una bolsa de plástico con un puño de sal. Mantenlo en la bolsa cerrada por 30 minutos.

TIP DEL
DR. PIPE

Si quieres una versión *light* pero también deliciosa de esta receta, evita el capeado.

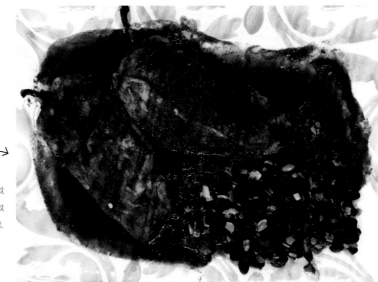

Utiliza palillos para evitar que se salga el relleno del chile.

TIP

Para asegurarte de conseguir la temperatura ideal de fritura (no más de 180 °C), utiliza un termómetro electrónico.

TIEMPO 35 min

ENCHILADAS MINERAS

4 PERSONAS

INGREDIENTES

- ▶ 4 chiles guajillo
- ▶ 500 ml de aceite
- ▶ 1 cebolla blanca
- ▶ 4 zanahorias
- ▶ 4 papas
- ▶ 1 lechuga
- ▶ 15 tortillas
- ▶ 200 g de queso añejo desmoronado
- ▶ 250 ml de crema
- ▶ 1 diente de ajo
- ▶ 1 pizca de comino
- ▶ 1 pizca de orégano
- ▶ Sal
- ▶ Chiles jalapeños

DATO CURIOSO

Éste es un platillo originario de Guanajuato; se llama así porque era lo que comían los mineros.

 TIP

Un chile seco bueno debe ser flexible.

Acompaña esta receta con agua de fruta de la estación.

PREPARACIÓN

1. En una olla con agua cuece los chiles guajillo, el ajo y la cebolla; añade el comino y el orégano.
2. Licua hasta obtener una salsa espesa y regresa al fuego para sazonar.
3. Corta las papas y las zanahorias en cubos medianos y cuécelas en agua con sal.
4. Pasa las tortillas por una sartén con aceite caliente para que estén suaves; a continuación sumérgelas en la salsa de chile guajillo. Reserva.
5. En la misma sartén sofríe las papas y las zanahorias cocidas. Retira y reserva.
6. Rellena las tortillas de queso añejo y cebolla blanca picada. Acomódalas enrolladas en un plato.
7. Coloca las verduras sobre las tortillas; añade la lechuga fileteada y termina con un poco de crema y queso.
8. Sirve las enchiladas acompañadas de chiles jalapeños.

TIEMPO
45 min

ENMOLADAS

4-5 PERSONAS

INGREDIENTES

- ► 300 g de mole almendrado
- ► 250 g de arroz preparado
- ► 1 kg de cebolla blanca
- ► 250 g de crema
- ► 2 muslos de pollo sin piel
- ► 1 huacal de pollo
- ► 2 dientes de ajo
- ► 1 rama de apio
- ► Aceite
- ► 15 tortillas de maíz
- ► 15 pesos de queso blanco ←

Uno de los beneficios de ir al mercado es que puedes comprar de a peso.

i TIP

Compra la proteína y los productos perecederos al final; cuando llegues a casa refrigéralos de inmediato.

PREPARACIÓN

1. Cuece el huacal y los muslos de pollo en agua con cebolla, ajo y apio.
2. Retira el pollo cocido del caldo y deshébralo.
3. Retira la grasa del caldo, cuela y reserva.
4. En una cazuela con aceite calienta el mole unos minutos; luego agrega el caldo de pollo poco a poco hasta obtener la consistencia que desees.
5. Calienta las tortillas con un poco de aceite para suavizarlas; rellénalas de pollo deshebrado y báñalas con el mole.
6. Sirve con crema, queso blanco, cebolla fileteada y arroz.

Remoja el arroz en agua tibia por 30 minutos antes de cocinarlo, para quitarle el exceso de almidón.

 TIP

Si el mole pica mucho utiliza jitomate cocido y molido para bajarle el picor.

TIEMPO 50 min

HUAUZONTLES

✕ 🍴 **4 PERSONAS**

INGREDIENTES

▸ 1 kg de huauzontles
▸ 1 kg de arroz blanco cocido
▸ 200 g de queso Oaxaca
▸ 6 huevos separados
▸ 15 g de harina de trigo
▸ Aceite
▸ 5 jitomates
▸ 2 dientes de ajo
▸ 150 g de cebolla
▸ 2 chiles verdes
▸ Sal

DATO CURIOSO

A cualquier hierba verde comestible se le llama quelite.

Para el capeado, las claras deben estar a temperatu ambiente y llevar un poco de azúcar así levantarán más rápido.

PREPARACIÓN

1. Blanquea y limpia los huauzontles. Quítales las ramas gruesas.
2. Cuécelos al vapor por 20 minutos.
3. Deshebra el queso Oaxaca y mezcla con el arroz cocido.
4. Haz manojos de huauzontles para formar tortitas y rellena con el arroz y el queso.
5. Bate las claras hasta que estén firmes. Agrega las yemas y sigue batiendo hasta que todo esté bien incorporado. Después agrega harina.
6. Sumerge las tortitas de huauzontle en la mezcla de huevo y harina. Fríe.
7. Asa los jitomates cortados en cuartos, la cebolla y el ajo; añade un poco de agua para que se cuezan bien. Incorpora el chile verde.
8. Licua y regresa a la olla con un poco de aceite; sazona con sal al gusto.
9. Acompaña los huauzontles con el caldillo de jitomate.

Blanquear significa sumergir brevemente un producto en agua hirviendo y pasarlo enseguida por agua fría con hielos.

2.6 MENÚ INFANTIL

BANDERILLAS

TIEMPO 25 min

10 PERSONAS

INGREDIENTES

- ▶ 300 g de harina para hot cakes
- ▶ 300 g de harina de maíz
- ▶ Leche
- ▶ 1 huevo
- ▶ 10 salchichas de pavo
- ▶ 10 palitos para banderilla
- ▶ Aceite para freír
- ▶ ⅓ de taza de cátsup
- ▶ ⅓ de taza de mostaza
- ▶ Papel absorbente

La mezcla debe dejarse a temperatura ambiente.

PREPARACIÓN

1. Mezcla las dos harinas; añade el huevo y un poco de leche, hasta que obtengas una consistencia de mezcla densa.

2. Llena con la mezcla un vaso o jarra más largo que la salchicha.

3. Inserta el palito en las salchichas y sumerge en la mezcla. Pon las banderillas en fritura profunda hasta que estén doradas.

4. Deja reposar en papel absorbente.

5. Sirve con cátsup y mostaza.

Para saber el punto exacto de la masa, introduce en ella el palito de la banderilla: no debe escurrir.

ⓘ TIP

Baña las banderillas con el aceite caliente durante la fritura; así no se tostarán de un solo lado.

TIEMPO 90 min

NUGGETS DE POLLO

10 PERSONAS

INGREDIENTES

- ▸ 750 g de pechuga de pollo molida
- ▸ ⅓ de taza de perejil picado
- ▸ ½ taza de zanahoria rallada
- ▸ ½ taza de calabaza rallada
- ▸ ¼ de cebolla blanca finamente picada
- ▸ 2 huevos
- ▸ Aceite para freír
- ▸ Sal y pimienta
- ▸ 24 galletas saladas molidas
- ▸ ½ taza de mayonesa
- ▸ ½ taza de cátsup

PREPARACIÓN

1. Muele las galletas saladas dentro de una bolsa con la ayuda de un rodillo.
2. En un tazón, mezcla perfectamente la pechuga de pollo molida, la zanahoria, la cebolla, la calabaza, el perejil y el huevo. Sazona con sal y pimienta.
3. Forma bolitas con la mezcla. Pasa por el huevo batido y después por las galletas saladas molidas.
4. Fríe los nuggets en un poco de aceite y sirve con cátsup y mayonesa.

"A mis hijos siempre les doy de comer una buena sopa o un buen caldo; si quieren nuggets, no los compro: yo se los hago."

INGRID

Utiliza pescado o carne molida de res para otras versiones deliciosas de nuggets.

ⓘ TIP

Puedes sustituir la zanahoria y la calabaza por papa rallada.

TIP DEL
DR. PIPE

Para un empanizado más saludable, utiliza un molido fino de cacahuate o de frutos secos.

TIEMPO 30 min

MINIHAMBURGUESAS

🍴 8 PERSONAS
16 PIEZAS

Es una botana estupenda para ver el futbol.

INGREDIENTES

- ▸ 750 g de puntas de filete de res molidas
- ▸ 200 g de tocino finamente picado
- ▸ 4 cucharadas de salsa de soya
- ▸ Pimienta
- ▸ ⅓ de taza de mostaza
- ▸ Pan para hamburguesa
- ▸ Aceite

ℹ TIP

En tu panadería pide bollos de hamburguesa del diámetro de una moneda de 10 pesos. Pesarán aproximadamente entre 30 y 40 g cada uno.

PREPARACIÓN

1. En un recipiente mezcla la carne y el tocino picado crudos con la salsa de soya.
2. Forma círculos pequeños con la carne. Ponlos en una sartén con un poco de aceite.
3. Unta los panes con un poco de mostaza; monta la carne sobre ellos.

TIP DEL
DR. PIPE

Acompaña esta receta con una rica ensalada.

PASTEL DE CREPAS CON CREMA DE NARANJA

TIEMPO 2 h

6 PERSONAS

INGREDIENTES

Crepas
▸ 250 g de harina
▸ 4 huevos
▸ 600 g de leche
▸ 1 pizca de sal
▸ 3 cucharadas de azúcar
▸ 60 g de mantequilla fundida

Crema de naranja
▸ 300 ml de jugo de naranja
▸ 150 g de azúcar
▸ 7 yemas
▸ 3 cucharadas de fécula de maíz
▸ 600 g de crema para batir
▸ 250 g de brillo neutro
▸ 1 cucharada de ralladura de naranja
▸ 2 cucharadas de extracto de vainilla
▸ 1 cucharada de gelatina en polvo sin sabor
▸ Agua

PREPARACIÓN

1. Para las crepas, coloca todos los ingredientes en la licuadora (primero los líquidos y luego los secos). Licua y deja reposar.
2. Con la ayuda de una sartén de teflón, haz las crepas. Reserva.
3. Para la crema de naranja, pon a hervir el jugo de naranja con azúcar hasta que se reduzca a la mitad.
4. Mezcla las yemas con la fécula de maíz y la ralladura de naranja.
5. Calienta la crema con la vainilla hasta que hierva; tempera con la mezcla de yemas y fécula. Añade al jarabe de naranja.
6. Hidrata la gelatina en 6 cucharadas de agua y posteriormente disuélvela en la crema hasta que espese. Retira del fuego y extiende sobre una charola hasta enfriar a temperatura ambiente.
7. En un aro de pastelería de 20 cm de diámetro, acomoda las crepas en capas, de manera que cubran el fondo y los bordes; debe quedar parte de las crepas por fuera. Intercala crema de naranja entre capa y capa hasta finalizar. Cierra las crepas de afuera hacia adentro.
8. Barniza con brillo neutro.

Puedes encontrar los aros de pastelería en un mercado grande.

 TIP

Para que la crema o la leche no se derrame al empezar a hervir, baja la flama e introduce una espátula limpia.

Recuerda que en la repostería siempre hay que cernir la harina.

TIEMPO 2 h

PASTEL DE CUATRO LECHES

10 PERSONAS

INGREDIENTES

Pan de vainilla
- ▸ 125 g de azúcar
- ▸ 5 claras de huevo
- ▸ 150 g de harina de trigo
- ▸ 15 ml de vainilla
- ▸ 5 yemas

Almíbar de cuatro leches
- ▸ ½ lata de leche condensada
- ▸ ½ lata de leche evaporada
- ▸ 125 ml de media crema
- ▸ 125 ml de leche de almendra
- ▸ 1 raja de canela
- ▸ 1 cucharada de vainilla
- ▸ 40 ml de ron

Almendras caramelizadas
- ▸ 25 ml de agua
- ▸ 35 g de azúcar
- ▸ 150 g de almendra fileteada
- ▸ Papel encerado

PREPARACIÓN

1. Elabora un merengue francés batiendo las claras con azúcar hasta que estén firmes.
2. Agrega las yemas y la vainilla a las claras y continúa batiendo.
3. Agrega la harina poco a poco; bate hasta que todo esté bien mezclado.
4. Vacía la mezcla en un molde previamente engrasado y enharinado. Hornea de 15 a 20 minutos a 180 °C. Saca y deja enfriar.

1. Mezcla todos los ingredientes, a excepción del ron, en una olla a fuego bajo.
2. Mueve para evitar que se forme nata; deja que hierva.
3. Enfría y agrega el ron.

1. Humedece las almendras con agua y azúcar. Colócalas sobre una charola forrada con papel encerado.
2. Hornea las almendras a 180 °C por 12 minutos o hasta que se doren. Mueve de vez en cuando.
3. Deja enfriar y reserva.

Si quieres que el bizcocho sea de chocolate, agrega 15 g de cocoa a la harina.

"Mi mejor regalo de cumpleaños fue un pastel de tres leches en forma de cancha de futbol que traía jugadores encima y la visita de Cepillín."

JOSERA

INGREDIENTES

Para armar el pastel de cuatro leches

▸ 1 pan de vainilla
▸ Almíbar de cuatro leches
▸ 6 mitades de duraznos en almíbar
▸ Almendras caramelizadas
▸ 500 g de crema chantilly

El merengue francés sólo se usa en preparaciones que van al horno.

PREPARACIÓN

1. Corta horizontalmente el pan por la mitad; hidrata la base con el almíbar de cuatro leches.
2. Sobre la base coloca parte de la crema chantilly y los duraznos cortados en cubos.
3. Coloca la tapa del pan e hidrata de la misma manera que la base. Vierte el resto de la crema chantilly y extiéndela por todo el pastel hasta cubrirlo por completo.
4. Cubre las orillas del pastel con las almendras caramelizadas. Decora con crema chantilly; utiliza una duya y una manga pastelera.

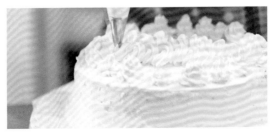

 TIP

Deja que el bizcocho se enfríe por completo antes de bañarlo, para evitar que se apelmace.

Para montar la crema manualmente, mueve la muñeca de un lado a otro de modo enérgico. La crema debe estar fría.

TIEMPO 90 min

FLAN NAPOLITANO

10 PERSONAS

INGREDIENTES

- ▶ 250 g de leche condensada
- ▶ 250 g de leche evaporada
- ▶ 250 g de crema
- ▶ 8 huevos
- ▶ 250 g de queso crema
- ▶ 250 g de azúcar para caramelo

El color del caramelo debe ser similar al de la espuma que se forma sobre un café expreso recién servido.

PREPARACIÓN

1. En una olla pequeña pon el azúcar a fuego bajo hasta obtener un caramelo. Vierte en la base del molde para flan.
2. Licua las leches, la crema, los huevos y el queso crema. Sirve en el molde con caramelo.
3. Hornea a baño maría por 40 minutos a 180 ºC, destapado.
4. Deja enfriar antes de desmoldar.

La preparación de caramelo siempre requiere toda tu atención y mucha precaución para evitar accidentes.

Para desmoldar utiliza un plato hondo, así no se derramará el caramelo.

ⓘ TIP

La temperatura del caramelo debe ser de 160 ºC al medirla con un termómetro.

TIEMPO 2 h

PASTEL IMPOSIBLE DE GLORIA

10 PERSONAS

INGREDIENTES

▶ 175 g de cajeta

Pan
▶ 225 g de azúcar
▶ 50 g de cocoa
▶ 150 g de harina
▶ 125 ml de aceite
▶ 5 huevos
▶ 100 ml de leche
▶ 3 g de polvo para hornear
▶ 15 ml de vainilla

Flan
▶ 500 ml de leche
▶ 15 ml de extracto de vainilla
▶ 125 g de glorias (dulces típicos)
▶ 200 g de queso crema
▶ 3 huevos
▶ 2 yemas

Una gloria fresca debe verse suave; verifica que no se desmorone.

El pastel imposible se prepara en el horno por la diferencia de densidad de las mezclas.

ℹ TIP

Nunca utilices aceite de oliva en esta receta o tendrá un sabor amargo.

PREPARACIÓN

1. Para el pan, en una batidora mezcla todos los ingredientes líquidos.
2. En un recipiente mezcla todos los ingredientes secos y agrega poco a poco los ingredientes líquidos de la batidora. Reserva.
3. Para el flan, licua todos los ingredientes por un minuto.
4. Cubre con la cajeta el fondo de un molde engrasado y enharinado. Después agrega la mezcla del pan. Termina agregando la mezcla del flan por un solo lugar del molde.
5. Hornea en baño maría por una hora aproximadamente.
6. Una vez frío, desmolda.

TIEMPO 90 min

MERENGÓN DE FRAMBUESA

(AL TIEMPO DE PREPARACIÓN AUMENTAR 8 H DE COCCIÓN)

 **8 PERSONAS**

INGREDIENTES

Merengón
- ► 320 g de azúcar
- ► 11 claras
- ► ½ cucharadita de cremor tártaro
- ► 360 g de azúcar
- ► Frambuesas
- ► Fresas

Salsa de frambuesa
- ► 200 g de frambuesas
- ► 60 g de azúcar glas
- ► 1 cucharada de ron

Cabello de ángel
- ► 400 g de azúcar
- ► 70 g de glucosa
- ► 120 ml de agua

Para el cabello de ángel, si no tienes rodillos utiliza dos botellas de vidrio lavadas y untadas con un poco de aceite.

PREPARACIÓN

....

1. Prepara un caramelo con los 320 g de azúcar. Vierte sobre el fondo y las paredes del molde. Utiliza guantes para horno para no quemarte.
2. Bate las claras de huevo con el cremor tártaro hasta que levanten y comiencen a verse completamente blancas. Agrega en tres partes los 360 g de azúcar.
3. Calienta el horno a 220 °C. Después apágalo y mete el merengón durante ocho horas.
4. Desmolda.
5. Para la salsa, en una cacerola combina las frambuesas con azúcar glas. Lleva al hervor por un minuto. Retira del fuego, deja enfriar y licua con el ron. Cuela la salsa para eliminar las semillas.
6. Para el cabello de ángel, incorpora y disuelve todos los ingredientes y cuece el caramelo a 155 °C. Con un tenedor y dos rodillos previamente aceitados, forma el cabello de ángel.
7. Decora el merengón con la salsa de frambuesa, fresas, frambuesas y el cabello de ángel.

TIEMPO 2 h

PAELLA PARA PRINCIPIANTES

12 PERSONAS

INGREDIENTES

- ▸ 1 kg de arroz precocido
- ▸ 2 l de caldo de camarón
- ▸ 500 ml de aceite de oliva
- ▸ 400 g de champiñones en cuartos
- ▸ 2 manojos de espárragos
- ▸ 4 pimientos rojos en juliana
- ▸ 2 cebollas picadas en cubos pequeños
- ▸ 5 dientes de ajo picado
- ▸ 350 g de chícharos
- ▸ 350 g de chistorra
- ▸ 400 g de filete de cerdo cortado en cubos
- ▸ 350 g de chorizo argentino
- ▸ 300 g de tocino ahumado, corte grueso
- ▸ 400 g de pechuga de pollo cortada en cubos
- ▸ 400 g de puntas de filete
- ▸ 400 g de camarón grande con cabeza
- ▸ 400 g de aros de calamar
- ▸ 400 g de mejillones
- ▸ 1 cucharada de cúrcuma
- ▸ 3 g de azafrán

PREPARACIÓN

1. En una paellera o sartén muy grande calienta la mitad del aceite de oliva a fuego alto y agrega las verduras; empieza por las más duras y termina con las más suaves.

2. Una vez cocidas las verduras, retíralas del fuego; reserva.

3. Vierte la otra mitad del aceite de oliva en la paellera o sartén; añade las carnes en partes para que comiencen a cocinarse. Una vez listas, retira del fuego y reserva.

4. En la misma paellera coloca el arroz con cúrcuma y azafrán. Agrega las verduras y el caldo de camarón. Mueve de vez en vez.

5. Una vez que el arroz esté casi cocido, agrega las carnes; tapa y espera a que termine de cocerse.

ⓘ TIP

El caldo debe quedar un poco salado para que en la cocción el arroz se sazone bien.

Nunca agregues aceite al tocino; es mejor utilizar su propia grasa para cocinar poco a poco las demás carnes.

ⓘ TIP

Baja el fuego cuando pongas los mariscos, así el arroz terminará de cocerse mientras los mariscos quedan en su punto.

TIP DEL
DR. PIPE

Para una
versión
baja en
colesterol,
cambia los
mariscos
por cuadros
de pollo.
Dale más
color usando
chícharos,
zanahorias,
pimientos,
hongos y
berenjenas.

TIEMPO
1 h, 25 min

BONELESS DE POLLO

4 PERSONAS

INGREDIENTES

Pollo
- ▶ 500 g de pechuga de pollo cortada en cubos medianos
- ▶ Sal y pimienta
- ▶ 1 cucharadita de ajo en polvo
- ▶ 1 cucharadita de paprika
- ▶ 1 huevo
- ▶ 1 taza de harina
- ▶ 1 taza de leche
- ▶ Aceite para freír

El aceite empezará a sacar humo; bájale al fuego y enfría el aceite con un trozo de papa cruda; después fríe el pollo.

Salsa
- ▶ 90 g de mantequilla fundida
- ▶ ⅔ de taza de salsa botanera picante
- ▶ 1 cucharada de vinagre de manzana
- ▶ ½ cucharada de pimienta de Cayena
- ▶ ½ cucharada de salsa inglesa
- ▶ ¼ de cucharada de ajo en polvo
- ▶ ½ cucharada de azúcar mascabado

PREPARACIÓN

1. Sazona el pollo con paprika, sal, pimienta y ajo en polvo.
2. Mezcla la leche y el huevo. Marina el pollo por una hora en esta mezcla.
3. Pasa el pollo por harina.
4. Fríe hasta que esté dorado y cocido en el centro.

El aceite debe estar a 180 ℃ para freír el pollo.

1. Mezcla todos los ingredientes, menos la mantequilla.
2. Agrega la mantequilla poco a poco hasta obtener una salsa fina.
3. Calienta un poco y baña el pollo con la salsa.

TIP DEL
DR. PIPE

Si vas de invitado, ofrece llevar un platillo y elige una opción saludable, baja en grasas.

TIP

Esta receta es perfecta para reuniones con amigos y familia.

INGREDIENTES

Blue cheese
- ⅓ de taza de queso azul
- 4 cucharadas de mayonesa
- 1 taza de crema ácida
- Sal y pimienta
- ½ taza de yogur griego

PREPARACIÓN

1. Licua todos los ingredientes, excepto el queso.
2. Agrega trozos de queso y mezcla. Sazona con sal y pimienta al gusto. Sirve este aderezo para acompañar los boneless.

"Cuando organices una reunión, asegúrate de saber lo que les gusta a tus invitados; de lo contrario, puedes llevarte una mala sorpresa."

INGRID

DATO CURIOSO

Boneless es una alita de pollo sin hueso.

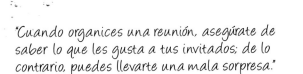

TIEMPO 30 min

MEGANACHOS DE CECINA

10 PERSONAS

INGREDIENTES

- 500 g de totopos
- 500 g de cecina de res
- 3 dientes de ajo
- 1 lata de frijoles negros enteros
- 1 taza de queso Cheddar
- ½ taza de queso asadero
- 6 jitomates
- 1 cebolla morada
- Chiles jalapeños en escabeche
- ½ taza de crema ácida
- 10 ramitas de cilantro
- 1 taza de granos de elote
- Aceite

PREPARACIÓN

1. En una sartén fríe la cecina cortada en tiras junto con el ajo, hasta que esté bien cocida.
2. En una charola para horno pon los totopos; agrega —esparciendo por todas partes— la carne, los frijoles negros y los quesos rallados. Mete al horno de cinco a ocho minutos o hasta que el queso esté bien derretido.
3. Fuera del horno, agrega crema, jitomate cortado en cuadritos, granos de elote, rebanadas de chiles jalapeños al gusto, aros de cebolla y cilantro finamente picado.

No agregues sal a esta receta, la cecina es bastante salada.

 TIP

Ésta es una botana futbolera perfecta.

DATO CURIOSO

La cecina más famosa de México es la de Yecapixtla, Morelos.

ALAMBRÓN MIXTO

TIEMPO 40 min

10 PERSONAS

Utiliza una sartén grande y no muy honda para que no se genere demasiado jugo.

INGREDIENTES

Alambrón
- 250 g de pechuga de pollo
- 250 g de lomo de res
- 250 g de longaniza
- 150 g de tocino
- 1 cebolla
- 1 pimiento verde
- 150 g de setas
- 1 chile poblano
- 150 g de queso Oaxaca
- 15 tortillas
- Aceite

Guacamole
- 2 aguacates
- 2 chiles serranos
- 1 jitomate guaje
- ½ cebolla picada
- Jugo de limón
- Cilantro picado
- Sal

PREPARACIÓN

1. Para el alambrón, corta las carnes en cubos.
2. En una sartén grande, fríe el lomo de res y el pollo; reserva. En la misma sartén sofríe la longaniza y el tocino, y por último las verduras (cebolla, pimiento, chile y setas), hasta que esté todo cocido. Incorpora las carnes y sazona.
3. Agrega el queso Oaxaca deshebrado y tapa para que gratine.
4. Para la salsa, tritura el jitomate en el molcajete junto con el aguacate, la cebolla, el chile y el cilantro.
5. Agrega el jugo de limón y sazona. Pon sal al gusto.
6. Acompaña el alambre con tortillas y guacamole.

TIP DEL DR. PIPE

Puedes sufrir indigestión si comes en abundancia y rápido. Para contrarrestar los síntomas sal a caminar o realiza cualquier actividad física ligera.

TIEMPO 2 h

COSTILLA GLASEADA

6 PERSONAS

INGREDIENTES

Costilla
- ▶ 1.5 kg de costillas de cerdo
- ▶ 5 chiles pasilla
- ▶ 5 piezas de piloncillo
- ▶ ½ taza de vinagre de arroz
- ▶ ¼ de taza de soya
- ▶ ¼ de cebolla
- ▶ 1 ramita de salvia fresca
- ▶ Sal
- ▶ 2½ tazas de agua

PREPARACIÓN

1. En una olla pequeña pon a hervir el agua con el piloncillo hasta obtener una miel ligera.

2. Agrega el vinagre de arroz y la salsa de soya a la miel.

3. Tatema el chile pasilla limpio y sin semillas. Licua el chile junto con la miel de piloncillo para obtener un glaseado.

4. Calienta el horno a 180 °C. Pon las costillas de cerdo con sal en una charola; hornéalas durante 45 minutos aproximadamente.

5. Retira las costillas del horno y báñalas con el glaseado por ambos lados.

6. Agrega la salvia fresca a las costillas y coloca nuevamente en el horno para terminar de cocer a 180 °C por una hora aproximadamente.

7. Baña las costillas de cerdo con el glaseado de vez en cuando para evitar que se sequen.

Para saber si la cocción es la correcta, debes poder ver el hueso de la costilla.

i TIP

Si no quieres que el glaseado quede muy picoso, hierve los chiles en agua con piloncillo.

INGREDIENTES

Guarnición

► 250 g de espárragos
► 6 jitomates
► 12 cebollas cambray
► Sal y pimienta
► Aceite

PREPARACIÓN

1. Salpimenta las verduras.
2. En una parrilla asa las verduras con un poco de aceite hasta que tomen color.
3. Acompaña tus costillas de cerdo glaseadas con las verduras asadas.

5.1 CENA ROMÁNTICA

TIEMPO 35 min

ESPECIAL AFRODISIACO: CAMARONES ABRAZADOS

 4 PERSONAS

INGREDIENTES

- ► 500 g de camarones grandes
- ► Sal y pimienta
- ► 120 g de queso crema
- ► 200 g de tocino ahumado
- ► 400 g de mango
- ► 2 ajos
- ► Cebolla caramelizada
- ► 1 cucharada de chiles chipotles adobados molidos
- ► 1 taza de mangos en almíbar y ⅓ de taza de almíbar de los mangos
- ► Palillos
- ► Aceite

PREPARACIÓN

1. Pela y limpia los camarones, abriéndolos en mariposa. Rellena con queso crema y ciérralos. Salpimenta ligeramente.
2. Envuelve los camarones con tocino y sujétalos con un palillo.
3. Saltea los camarones en una sartén con un poco de aceite hasta que estén bien cocidos.
4. En una olla a fuego medio pon la cebolla caramelizada, el mango con el tercio del almíbar y el chipotle. Salpimenta. Cuando el mango esté suave licua la mezcla.
5. Sobre un espejo de salsa de mango sirve los camarones sin palillo.

 TIP

Siempre empieza por la parte más tardada o complicada de una receta; en este caso, por la salsa.

Para que la salsa tenga más sabor, guarda la cáscara del camarón y saltéala con la cebolla, el mango y el chipotle.

i **TIP**

Al comprar el camarón, verifica que esté firme y que huela a mar. Si huele a amoniaco o a pescado en exceso, no sirve.

5

**TIEMPO
50 min**

PESCADO SU MAJESTAD

✕ ◀ **2 PERSONAS** ◀

INGREDIENTES

Salsa Su Majestad
▸ 2 pechugas de pollo sin piel
▸ 2.5 l de agua
▸ 1 cebolla blanca
▸ 4 dientes de ajo
▸ 150 g de maíz pozolero
▸ 2 chiles poblanos limpios
▸ 1 chile serrano entero
▸ 4 ramas de epazote
▸ 1 hoja santa
▸ 2 chiles güeros limpios
▸ 4 tazas de acelgas troceadas
　sin tallo
▸ 90 g de aceite de oliva

Pescado
▸ 2 piezas de 250 g de filete
　de pescado huachinango
▸ Aceite vegetal
▸ 1 limón sin semilla (jugo)
▸ 1 ramita de romero
▸ 1 ajo picado
▸ 30 g de mantequilla

PREPARACIÓN

1. Para la salsa, en una olla hierve el agua con el pollo, la cebolla, el ajo, los chiles, el maíz pozolero, el epazote y la hoja santa por 30 minutos.

2. Cuela todos los ingredientes. Separa y guarda el pollo para otro platillo. Aparta un poco de maíz pozolero para decorar.

3. Licua los ingredientes colados junto con las acelgas crudas; añade el aceite de oliva poco a poco. Sazona y reserva.

4. Para el pescado, en una sartén calienta el aceite hasta que empiece a sacar humo.

Para pelar los ajos con mayor facilidad, pon los dientes en un recipiente cerrado y agítalo con fuerza.

"A los 19 años le hice una cena romántica a una novia. Fue en la azotea de un edificio. Cenamos pasta y ensalada. De tomar teníamos un vino de caja que se llamaba Franzia; así, con zeta."

ANTONIO

Cuando compres pescado, fíjate que la piel sea brillante y que la carne esté firme. Debe oler a mar.

5. Salpimenta el pescado y ponlo con cuidado en la sartén; debe estar muy caliente. Dora por tres minutos aproximadamente. Baja el fuego y cocina el pescado por ocho minutos más a fuego muy bajo.

6. Después de los ocho minutos voltea el pescado. Agrega la mantequilla, el jugo de limón, el romero y el ajo picado. Integra bien y baña el pescado con esa salsa. Retira del fuego y reserva.

7. Para servir, pon un poco de salsa de acelgas en un platón; coloca encima el pescado. Baña con un poco de la salsa en la que se coció el pescado. Decora con los granos de maíz pozolero que apartaste y con ramitas de romero.

TIEMPO 30 min

VOLCÁN RED VELVET

(AL TIEMPO DE PREPARACIÓN AUMENTAR 24 H DE ANTELACIÓN)

12 PERSONAS

INGREDIENTES

- ► 375 g de chocolate con leche
- ► 375 g de mantequilla
- ► 5 yemas
- ► 8 huevos
- ► 1 cucharada de colorante rojo
- ► 37 g de harina
- ► 100 g de azúcar

PREPARACIÓN

1. Con ayuda de la batidora, acrema (suaviza) la mantequilla con el azúcar. Cuando comience a tomar un color pálido añade los huevos, uno a uno, hasta incorporarlos perfectamente. Después añade las yemas y el colorante rojo.

2. Agrega el chocolate a 35 °C en forma de hilo. Sigue mezclando hasta que todo esté bien incorporado.

Siempre usa colorante de grado alimenticio. Si prefieres colorante natural, utiliza jugo de betabel.

TIP DEL
DR. PIPE

El tamaño de este volcán es una porción adecuada. No comas más de uno.

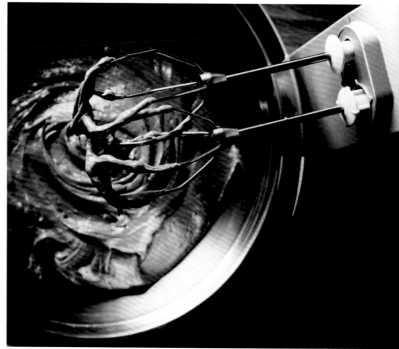

Emplea moldes para panqués o moldes individuales para cubilete.

3. Engrasa y enharina los moldes. Llena cada molde a tres cuartas partes de su capacidad. Deja reposar en refrigeración por 24 horas.

4. Hornea a 220 °C durante nueve minutos.

Enriquece la mezcla con polvo de avellana o de almendra.

"En una cena romántica lo más importante es la plática, así que asegúrate de que tu pareja no esté enojada contigo."

JOSERA

PASTEL DE TRIPLE CHOCOLATE

TIEMPO 3 h

🍴 **10 PERSONAS**

INGREDIENTES

Cuando las claras se vean como agua enjabonada es momento de agregar el azúcar.

Pan de chocolate
- 125 g de azúcar
- 5 claras
- 5 yemas
- 120 g de harina
- 30 g de cocoa
- 1 cucharada de extracto de vainilla

El chocolate debe estar elaborado con manteca de cacao, no con grasa hidrogenizada.

PREPARACIÓN

1. Bate las claras; ya que estén un poco espumosas, añade el azúcar en tres partes hasta que las claras queden firmes.

2. Agrega las yemas incorporando con cuidado (para no bajar las claras). Luego añade la vainilla.

3. Junta la harina con la cocoa. Cierne y agrega poco a poco a las claras batidas.

4. Vacía la mezcla en un molde previamente engrasado y enharinado. Hornea de 15 a 20 minutos a 180 °C.

ⓘ TIP

Para la *ganache*, nunca hiervas el chocolate con la crema, pues se puede quemar.

INGREDIENTES

Ganache de chocolate
- 230 ml de crema para batir
- 75 g de glucosa
- 385 g de chocolate semiamargo
- 45 g de mantequilla (a temperatura ambiente)
- 80 g de chocolate de metate

PREPARACIÓN

1. Pica los chocolates en trocitos.

2. En una olla, calienta la crema para batir con la glucosa. Cuando llegue a ebullición, apaga y vacía sobre los chocolates. Deja reposar cinco minutos.

3. Añade la mantequilla poco a poco y, con ayuda de un batidor globo, incorpora hasta que el chocolate quede brilloso.

PREPARACIÓN FINAL

1. Bate ligeramente la ganache para que te resulte fácil untarla.
2. Rebana horizontalmente el pan en dos capas; coloca una capa de ganache en medio. Une.
3. Distribuye la ganache sobre el pastel de modo que quede liso y cubierto en su totalidad. Decora con más ganache.

La ganache siempre debe reposar cubierta con papel film para evitar que se haga nata.

PLÁTANOS ENCHOCOLATADOS

TIEMPO 45 min

✕ 4 PERSONAS ・RECETA INÉDITA・

INGREDIENTES

- ► 1 penca de plátanos dominicos
- ► 2 tazas de harina
- ► 2 tazas de leche
- ► 150 g de azúcar
- ► 60 g de chocolate en trozos
- ► ½ cucharadita de polvo para hornear
- ► 1 cucharada de chocolate de mesa rallado
- ► 1 cucharadita de cocoa
- ► 500 ml de aceite de maíz

TIP DEL DR. PIPE

Recuerda llevar una alimentación balanceada y hacer ejercicio.

PREPARACIÓN

1. Mezcla la harina, el azúcar, el polvo para hornear, el chocolate de mesa rallado y la cocoa; cierne. Agrega la leche y forma una pasta.
2. Clava los trocitos de chocolate en los plátanos.
3. Reboza los plátanos en la pasta y fríelos en aceite a 170 °C o hasta que estén crocantes y dorados.

 TIP

Una vez que el aceite llegue a 170 °C, baja el fuego y fríe los plátanos hasta que tengan el dorado que desees.

Siempre escurre el exceso de grasa sobre papel absorbente.

TIEMPO 3 h

CHOCOBESO AL VASO

✕ 🍴 **10 PERSONAS**

INGREDIENTES

Jalea de maracuyá
▸ 450 g de pulpa de maracuyá
▸ 200 g de azúcar
▸ ½ cucharada de pectina cítrica

Mousse de chocolate con chai
▸ 300 g de chocolate con leche
▸ 2 cucharadas de mantequilla
▸ 190 g de crema para batir
▸ 200 g de crema batida
▸ 300 g de galletas con chispas de chocolate
▸ 1 cucharada de té chai en polvo

Si no tienes té chai puedes utilizar café capuchino en polvo aromatizado con un poco de cardamomo o pimienta gorda.

Utiliza la galleta dulce que tengas en la alacena o la que más te guste.

PREPARACIÓN

1. Para la jalea, mezcla el azúcar con la pectina.
2. Licua la pulpa de maracuyá y cuela.
3. Lleva la pulpa colada a ebullición y agrega la mezcla del azúcar.
4. Mueve hasta obtener una textura de mermelada y reserva a temperatura ambiente.
5. Para el mousse, derrite el chocolate a baño maría.
6. Hierve la crema para batir con la mantequilla y el té chai. Cuela.
7. Incorpora a la mezcla el chocolate derretido.
8. Vierte la crema batida poco a poco, hasta que todo esté bien mezclado y tenga un color homogéneo (sin manchas blancas).
9. En el fondo de los vasos coloca la galleta troceada; después agrega una capa de jalea de maracuyá, y termina con el mousse de chocolate.
10. Deja reposar en refrigeración al menos dos horas.

TIEMPO 3 h

PASTEL DE QUESO ESPONJOSO

🍴 **8 PERSONAS**

INGREDIENTES

- ▶ 400 g de queso crema
- ▶ 7 claras
- ▶ 7 yemas
- ▶ 1 pizca de cremor tártaro
- ▶ 200 ml de leche entera
- ▶ 120 g de azúcar
- ▶ 70 g de harina de trigo
- ▶ 1 limón (jugo)
- ▶ Papel encerado

PREPARACIÓN

1. Bate las claras con el cremor tártaro; una vez batidas, agrega el azúcar en tres partes hasta que las claras estén firmes y brillosas.
2. Licua la leche, las yemas, el queso crema, el jugo de limón y, al final, la harina.
3. Forra un molde de pastel de 20 cm de diámetro con papel encerado. El papel debe sobresalir cinco centímetros del contorno del molde.
4. Mezcla con cuidado y poco a poco las claras batidas con la mezcla licuada. Hornea a 140 °C por 40 minutos en baño maría. El agua debe estar caliente desde el inicio.
5. Baja la temperatura del horno a 120 °C y hornea 20 minutos más. Apaga el horno. Entreabre la puerta hasta que el pastel se entibie.

ℹ TIP

Para hacer un buen merengue, utiliza la batidora en velocidad media.

DATO CURIOSO

El pastel de queso esponjoso es originario de Japón.

Ten cuidado al sacar el pastel del horno: estará muy frágil hasta que se enfríe.

TIEMPO 35 min

PESCADO SOBRE CREMA DE FLOR DE CALABAZA

6 PERSONAS

INGREDIENTES

Pescado
- ▸ 6 filetes de pescado blanco
- ▸ 45 ml de aceite vegetal
- ▸ 120 g de mantequilla
- ▸ 6 limones
- ▸ 6 ramitas de tomillo fresco
- ▸ 6 dientes de ajo
- ▸ 6 chiles serranos
- ▸ Sal y pimienta

Salsa de flor de calabaza
- ▸ 200 g de flor de calabaza
- ▸ 3 pimientos amarillos
- ▸ 1 diente de ajo
- ▸ 2 tazas de crema para batir
- ▸ 2 tazas de caldo de pollo
- ▸ 60 ml de aceite de oliva
- ▸ 20 g de mantequilla

Rajas con papas
- ▸ 4 chiles poblanos asados y limpios cortados en rajas
- ▸ ½ cebolla blanca cortada en juliana
- ▸ ½ taza de papa cortada en tiras delgadas
- ▸ 60 ml de aceite de oliva

PREPARACIÓN

1. Calienta el aceite en una sartén hasta que haga humo.
2. Seca el filete de pescado y salpiméntalo. Con mucho cuidado coloca el pescado en la sartén.
3. Mueve la sartén para evitar que el filete se pegue. Cocina a fuego alto por cinco minutos. Baja el fuego y cocina sin voltear el filete por siete minutos más. Voltea con cuidado.
4. Agrega el diente de ajo picado, el chile serrano, la mantequilla, el tomillo y unas gotas de limón. Baña el pescado con la mezcla de mantequilla derretida. Retira de la sartén y reserva.

1. Pica el ajo y sofríelo en aceite y mantequilla por un minuto. Agrega el pimiento y la flor de calabaza; sofríe por dos minutos. Agrega el caldo y la crema; cocina a fuego medio por cinco minutos.
2. Licua muy bien todos los ingredientes. Rectifica la sal y reserva.

1. En una sartén sofríe las papas y la cebolla por tres minutos.
2. Salpimenta y agrega los chiles poblanos hasta que la papa esté bien cocida.

INGREDIENTES

Decoración

- ► 1 hoja santa
- ► 1 taza de berros
- ► 150 ml de aceite vegetal

*Para intensificar el color de
la crema de flor de calabaza,
agrega pimiento morrón amarillo.*

PREPARACIÓN

1. Fríe los berros y agrega un poco de sal. Reserva.
2. En un plato plano, forma un espejo redondo con la salsa de flor de calabaza. Coloca un poco de rajas con papa en el centro y pon el pescado encima; el lado más dorado debe ir hacia arriba. Decora con los berros.
3. Por último, corta cinco ruedas de hoja santa con el descorazonador de manzana o con la tapa de un refresco. Coloca encima de los berros.

 TIP

Ponle sal a un solo lado del pescado; el otro se sazonará cuando le des vuelta en la sartén.

TIEMPO 60 min

CAJITAS DE PAPA

🍴 ◀ **6 PERSONAS** ▶

INGREDIENTES

- ► 500 g de papa cambray
- ► ⅓ de taza de aceite
- ► Sal y pimienta
- ► 1 chile guajillo sin semillas ni venas
- ► 1 diente de ajo
- ► 50 g de cebolla
- ► 200 g de crema ácida
- ► 50 g de cebollín
- ► 100 g de queso manchego rallado

TIP

El tamaño de la cajita de papa debe ser ideal para que entre en la boca.

La parisina es una cuchara especial que se utiliza para hacer bolitas de fruta.

PREPARACIÓN

1. Corta las extremidades (puntas y costados) de las papas cambray para formar una cajita cuadrada. Con la ayuda de una cuchara parisina (o una cuchara normal), quita la parte de arriba de la papa para que quede un hueco en el centro. Reserva los restos de papa que retiraste.
2. Hornea las papas con aceite, sal y pimienta a 180 °C, hasta que estén cocidas.
3. Cuece los restos de las papas, escúrrelos y hazlos puré.
4. Pica finamente la cebolla, el ajo y el cebollín; reserva.

Una vez cortadas, pon las papas en agua para que no se oxiden.

5. Corta el chile guajillo en tiritas con ayuda de unas tijeras. Sofríe en una sartén a fuego bajo, retira y reserva.

6. En la misma sartén en la que sofreíste el chile, sofríe la cebolla, el ajo y el puré de papa. Cuando comience a tomar color, añade la crema, el cebollín y el chile guajillo.

7. Rellena las cajitas de papa con el puré empleando una manga pastelera con duya. Coloca un poco de queso encima y regresa al horno para gratinar hasta que estén doradas.

7.1 FIESTAS PATRIAS

POZOLE BLANCO

6 PERSONAS

INGREDIENTES

Pozole
▶ 1 pechuga de pollo con hueso
▶ 4 alitas de pollo
▶ 1 cebolla
▶ 3 dientes de ajo
▶ 4 zanahorias
▶ 1 manojo de perejil
▶ 1 hoja de laurel
▶ 500 g de maíz pozolero precocido y descabezado
▶ 5 l de agua
▶ Sal

Guarnición
▶ 1 lechuga
▶ 6 rábanos
▶ Chile piquín al gusto
▶ Orégano al gusto
▶ 12 limones
▶ Tostadas (c/s)
▶ 1 taza de crema
▶ 1 taza de queso fresco
▶ 2 aguacates
▶ ½ cebolla picada

PREPARACIÓN

1. En una olla cuece la pechuga y las alas con un poco de sal, la zanahoria, el ajo, la cebolla, el perejil y el laurel. Asegúrate de que todo esté cubierto por el agua.
2. Calienta una hora a fuego medio o hasta que el pollo esté cocido.
3. Retira la espuma y las impurezas de vez en cuando.
4. Retira todos los ingredientes sólidos del caldo (la cebolla, la zanahoria, el ajo, etcétera); agrega el maíz pozolero.
5. Cocina hasta que el maíz esté suave y reventado (aproximadamente una hora).
6. Desmenuza el pollo. Las alas sólo se usan para dar sabor al caldo.
7. Acompaña con guarnición de lechuga cortada en juliana o picada, limón, rábanos rebanados, aguacate, queso fresco desmoronado, crema, tostadas, cebolla, orégano y chile piquín.

 TIP

Remoja el pollo en agua durante media hora para que se limpie y el caldo tenga mejor calidad.

 TIP

Recuerda que cualquier producto empacado debe enjuagarse bajo el chorro de agua.

El maíz cacahuazintle fresco es un producto de temporada; sólo se encuentra de junio a septiembre. Prepara pozole todo el año usando maíz cacahuazintle precocido.

TIEMPO 40 min

TORTA AHOGADA

4 PERSONAS

INGREDIENTES

Cebollas desflemadas
- ▶ 1 cebolla blanca cortada en plumas (juliana)
- ▶ 1 taza de jugo de limón
- ▶ 1 cucharada de orégano
- ▶ Sal

Salsa de chile de árbol
- ▶ 30 chiles de árbol
- ▶ 1.5 l de agua
- ▶ 2 dientes de ajo
- ▶ ¼ de cucharada de comino entero
- ▶ ½ cucharada de orégano seco
- ▶ 5 clavos de olor
- ▶ ½ taza de vinagre blanco
- ▶ Sal

PREPARACIÓN

1. En un recipiente mezcla la cebolla, el limón, el orégano y la sal. Deja reposar.

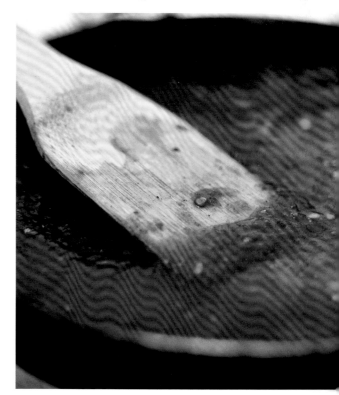

1. En una olla hierve todos los ingredientes, menos el vinagre.
2. Licua y agrega el vinagre. Sazona con sal al gusto.

Si amasas los limones antes de partirlos será más fácil exprimirlos.

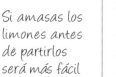

INGREDIENTES

Tortas

- 4 birotes o bolillos
- 350 g de carnitas de cerdo
- 4 cucharadas de frijoles negros refritos
- 5 jitomates saladet
- 2 l de agua
- 1 cebolla chica
- 1 diente de ajo
- ½ cucharada de orégano seco
- 3 clavos de olor
- Sal y pimienta

El orégano es un remedio para el malestar estomacal.

PREPARACIÓN

1. En una olla pequeña hierve el jitomate, el ajo, el orégano, la cebolla y el clavo. Licua y regresa al fuego; debe quedar un caldillo. Sazona con sal y pimienta al gusto y reserva.
2. Corta horizontalmente los panes por la mitad; unta frijoles en cada tapa y rellena con las carnitas.
3. Ahoga las tortas en la olla de la salsa; ya que estén bien remojadas, sácalas y sírvelas.
4. Acompaña con las cebollas desflemadas y la salsa de chile de árbol.

DATO CURIOSO

El bolillo que se utiliza en Guadalajara, conocido como birote, es más duro que el bolillo común; por eso no se desbarata con la salsa.

Un kilo de carnitas alcanza para hacer unas ocho o diez tortas.

7.2 DULCES TÍPICOS MEXICANOS

TIEMPO
30 min

CHURROS

12 CHURROS
15-20 CM

INGREDIENTES

- ▸ 225 ml de agua
- ▸ 90 g de mantequilla
- ▸ 1 pizca de sal
- ▸ 260 g de harina
- ▸ 2 huevos
- ▸ Aceite para freír
- ▸ 200 g de azúcar
- ▸ 1 cucharada de canela en polvo
- ▸ Papel absorbente

Moja las puntas de las tijeras en el aceite para que no se peguen al cortar los churros.

 TIP

Las frituras profundas empiezan a hacerse a partir de los 150 °C.

PREPARACIÓN

1. En una cacerola coloca el agua, la mantequilla y la sal. Una vez que el agua hierva, retira del fuego y agrega la harina de golpe.

2. Integra rápido y con fuerza. Continúa mezclando hasta que la preparación esté bien integrada.

3. Agrega los huevos uno a uno. Añade el azúcar. Vacía la masa en una manga pastelera con duya rizada.

4. Precalienta un cazo amplio con aceite para fritura profunda, a 160 °C. Comienza a formar los churros sobre el aceite caliente; usa unas tijeras para cortarlos. Siempre realiza esta acción con mucha precaución.

5. Cuando se doren los churros, retíralos del aceite y colócalos sobre papel absorbente para eliminar el exceso de grasa. Aún calientes, pásalos por una mezcla de azúcar con canela.

Deja reposar los churros por 10 segundos sobre el papel absorbente antes de revolcarlos en azúcar y canela.

GAZNATES

TIEMPO 60 min

14 PIEZAS

INGREDIENTES

Masa
- ► 500 g de harina
- ► 200 ml de agua
- ► 100 ml de tequila
- ► 2 l de aceite

Merengue
- ► 160 g de claras
- ► 120 g de azúcar blanca
- ► Azúcar glas

Para amasar con el rodillo, pon una mano en el centro de éste y la otra en la orilla, guiando el movimiento.

PREPARACIÓN

1. Con ayuda de la batidora, mezcla la harina con el agua y el tequila hasta que se forme una masa homogénea. Deja reposar por 30 minutos en el refrigerador.
2. Amasa y estira la masa con un rodillo. Enrolla la masa en tubos de aluminio y cierra las orillas con clara de huevo.
3. Fríe a 170 °C (fritura profunda), hasta que la masa adquiera un color dorado. Deja reposar sobre papel absorbente.
4. Calienta las claras y el azúcar a 70 °C en baño maría; una vez disuelta el azúcar, pasa a la batidora para que las claras doblen su tamaño y obtengas un merengue.
5. Rellena los tubos de pasta con el merengue y decora con azúcar glas.

ℹ TIP

Puedes encontrar los tubos de aluminio en el mercado o en una ferretería.

El secreto para que se formen las características burbujas crocantes en la masa es el uso de bebidas destiladas, como el tequila.

TIEMPO 3 h

MERENGUES

38 PIEZAS
12 PERSONAS

INGREDIENTES

- ▸ 200 g de claras
- ▸ 180 g de azúcar refinada
- ▸ 1 cucharadita de cremor tártaro

Cámbiales el color a los merengues agregando unas gotitas del colorante vegetal que quieras al concluir el paso 3.

 TIP

Guarda los merengues en bolsas de sal de sílice, de venta en farmacias; te durarán más de 25 días.

PREPARACIÓN

1. Mezcla las claras con el cremor tártaro a velocidad baja con una batidora.
2. Cuando tengan un aspecto jabonoso, sube la velocidad y agrega el azúcar por partes.
3. Sigue batiendo hasta que las claras doblen su tamaño y comiencen a verse brillantes.
4. Coloca en una manga con duya y haz los merengues con la forma que desees.
5. Hornea durante 25 minutos a 150 °C en una charola forrada con papel encerado. Apaga el horno y deja los merengues dentro hasta que se enfríen totalmente para conseguir una textura crocante por fuera y un poco suave en el interior.

TIEMPO 90 min

CALABAZA EN TACHA

16 PERSONAS

INGREDIENTES

- ► 5 kg de calabaza de Castilla
- ► 3 camotes
- ► 1 kg de guayaba
- ► 4 rajas de canela
- ► 5 piezas de piloncillo
- ► 2 clavos de olor
- ► 500 g de naranja

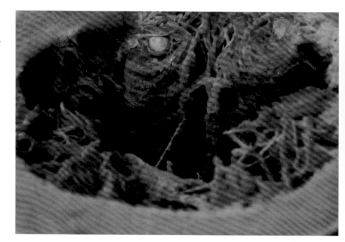

PREPARACIÓN

1. Parte la calabaza; quítale las semillas y resérvalas. Retira las hebras de la calabaza y córtala en pedazos iguales.
2. En una olla grande, coloca la calabaza con la cáscara hacia abajo. Agrega la mitad de la canela, el clavo y el camote con piel en trozos.
3. Pon otra capa de calabaza, esta vez con la piel hacia arriba. Agrega la guayaba, el resto de la canela, el camote y el piloncillo.
4. Saltea las semillas de calabaza en una sartén y agrégalas a la olla para darle más sabor al postre.
5. Por último, exprime las naranjas; cuela el jugo y viértelo a la cocción de las calabazas.

El piloncillo de mejor calidad es el de color claro.

ⓘ TIP

Si te empalagas con facilidad, reduce la cantidad de piloncillo a la mitad.

8

PAN DE MUERTO

20 PIEZAS

TIEMPO 4 h

El pan de muerto es una de las siete ofrendas que se hacen el Día de Muertos.

INGREDIENTES

Pan

▶ 1 kg de harina de trigo
▶ 300 g de azúcar
▶ 15 g de sal
▶ 50 g de semillas de anís
▶ 1 naranja (ralladura)
▶ 25 g de levadura instantánea
▶ 100 ml de agua de azahar
▶ 100 ml de agua de cempasúchil
▶ 7 huevos
▶ 25 ml de vainilla
▶ 400 g de mantequilla

Para forma y acabado

▶ 200 g de harina
▶ 50 g de mantequilla
▶ 200 g de azúcar

Yo no puedo ver una festividad sin una rica comida. Estamos celebrando; hay que comer bien.

JOSERA

PARA PREPARAR LA MASA

1. Combina la harina, el azúcar, la sal, las semillas de anís y la ralladura de naranja sobre una mesa, formando una fuente (volcán).
2. Disuelve la levadura en el agua de azahar y cempasúchil. Vacía al centro de la fuente y comienza a integrar poco a poco la harina que se encuentra alrededor. Puedes utilizar una espátula.
3. Una vez mezclado, vacía en el centro de la fuente el huevo previamente batido ligeramente con la vainilla.
4. Poco a poco, integra la harina que está alrededor hasta que la masa quede húmeda y muy pegajosa.
5. Amasa con ambas manos para incorporar bien todos los ingredientes, aproximadamente por 20 minutos o hasta que la masa comience a verse lisa, esté elástica y se despegue de la mesa de trabajo.
6. Agrega la mantequilla en trozos pequeños a temperatura ambiente y sigue amasando aproximadamente por 10 minutos hasta que la grasa se absorba por completo en la masa.
7. Forma una bola con la masa y colócala en un recipiente engrasado. Déjala reposar aproximadamente una hora en un lugar cálido y húmedo para que fermente y duplique su tamaño.

PARA FORMAR EL PAN

TIP

Asegúrate de que la masa no esté cerca de calor excesivo durante la fermentación, pues se puede dañar.

1. Haz bolitas de masa redondas con un poco de harina para que no se peguen. Colócalas sobre una charola engrasada y enharinada. Reserva un poco de la masa en el refrigerador, para la decoración.

2. Unta tus manos con un poco de mantequilla; aplasta los bordes de cada bola con las palmas, para que el pan crezca más abultado del centro que de las orillas. Deja fermentar por segunda vez aproximadamente 40 minutos.

3. Pon un poco de harina sobre la mesa; con ayuda de tus dedos, haz tiras con la masa refrigerada para empezar a formar los huesos. Cada pan lleva dos huesos colocados en forma de cruz. Al final coloca una bola de masa en la punta (centro) del pan.

4. Hornea a 180 °C durante unos 15 o 20 minutos, o hasta que el pan esté dorado.

PARA EL ACABADO

1. Cuando el pan esté tibio, barnízalo con la mantequilla derretida y espolvorea con azúcar.

La levadura es un ingrediente vivo; consérvala siempre dentro de un frasco y en refrigeración.

TIEMPO 90 min

TAMAL ZACAHUIL

8-10 PERSONAS

INGREDIENTES

Pollo
- ▶ 600 g de piezas de pollo (piernas, muslos y pechuga)
- ▶ 1 l de agua
- ▶ 8 g de sal
- ▶ ½ cabeza de ajo
- ▶ 1 ramito de hierbas de olor

Salsa
- ▶ 70 g de chile ancho, limpio
- ▶ 15 g de chile guajillo, limpio
- ▶ 15 g de chile pasilla, limpio
- ▶ 60 g de cebolla
- ▶ 1 cabeza de ajo
- ▶ 50 g de manteca de cerdo
- ▶ ½ cucharadita de sal

Masa
- ▶ 300 g de manteca vegetal
- ▶ 250 g de manteca de cerdo
- ▶ 1.2 kg de harina de maíz fresca
- ▶ 5 g de polvo para hornear
- ▶ 10 g de sal

Relleno
- ▶ 4 hojas de plátano
- ▶ 600 g de carne de cerdo en bisteces
- ▶ 400 g de camarón

PREPARACIÓN

1. En una olla con agua pon a hervir las piezas de pollo con sal, ajo y hierbas de olor.
2. Para la salsa, desvena los chiles y remójalos en agua caliente hasta que estén blandos.
3. En un comal, asa los ajos sin pelar y la cebolla. Licua los chiles con un poco de agua de remojo, los ajos pelados y la cebolla.
4. En una cacerola con poca manteca vierte la salsa de la licuadora. Sazona con sal al gusto.
5. Para la masa, suaviza ambas mantecas con ayuda de la batidora. Añade la harina de maíz, el polvo para hornear y la sal, previamente cernidos.
6. Añade en partes iguales el líquido de remojo de los chiles y el caldo de pollo (aproximadamente 600 ml en total).
7. La masa debe quedar suave y untable.

"Zacahuil" proviene del náhuatl y quiere decir "bocado grande". Este tamal llega a medir hasta metro y medio de largo.

PARA EL ARMADO DEL ZACAHUIL

....

1. Asa las hojas de plátano hasta que estén suaves y flexibles.

2. Forra una bandeja para horno con las hojas de plátano.

3. Reparte una porción de la masa para cubrir el fondo de la bandeja.

4. Toma trozos de carne de cerdo y camarones, y báñalos con la salsa. Reparte sobre la masa.

5. Haz lo mismo con unas piezas de pollo.

6. Repite los pasos anteriores alternando masa, salsa, carne, camarones y pollo, hasta terminar con la masa.

7. Cubre con los extremos de la hoja de plátano.

8. Hornea a 180 °C durante 45 minutos o hasta que el tamal luzca esponjoso.

9. Sirve.

Calienta la hoja de plátano a fuego directo. Cuando notes que un lado brilla más que el otro, está lista.

DATO CURIOSO

El tamal zacahuil se prepara durante fiestas y ceremonias en la Huasteca.

 TIP

También puedes usar harina de maíz seca, pero vas a requerir caldo extra para hidratar y obtener una masa tersa.

9.1 NAVIDAD

TIEMPO 45 min

CAMARONES CON ROMERITOS EN PIPIÁN ✗ ◀ 4 PERSONAS ▶

INGREDIENTES

▶ 350 g de camarones medianos limpios y sin cáscara
▶ 2 dientes de ajo
▶ 200 g de romeritos limpios
▶ 90 ml de manteca de cerdo
▶ 2 tazas de pipián en polvo
▶ 1 l de caldo de pollo
▶ 1 chile poblano asado y limpio
▶ 3 cucharadas de pepitas de calabaza tostadas
▶ 2 cucharadas de hojas de cilantro
▶ 1 chile serrano fileteado

PREPARACIÓN

1. Licua el pipián con el caldo de pollo y el chile poblano.
2. En una cacerola calienta la manteca y sofríe el ajo hasta que comience a tomar color.
3. Agrega los camarones y los romeritos. Cocina por tres minutos.
4. Agrega el pipián licuado y deja que hierva. Baja el fuego y sigue cociendo por cinco minutos más.
5. En un platón sirve el pipián con los camarones y los romeritos. Decora con pepitas de calabaza, hojas de cilantro y chile serrano fileteado.

 TIP

Si compras mole en polvo, asegúrate de guardarlo en refrigeración en un frasco o recipiente hermético.

Para licuar el pipián y que te quede muy bien sazonado, utiliza caldo de pollo.

"Cuando era niño, el mejor regalo de Navidad fue un G. I. Joe (muñeco de acción gigante) que me regaló el novio de mi hermana."

ANTONIO

9

GUADALUPE–REYES

TIEMPO 4 h

PAVO NAVIDEÑO GLASEADO

(AL TIEMPO DE PREPARACIÓN AUMENTAR 24 H DE ANTELACIÓN)

12 PERSONAS

i TIP

Es importante que saques todas las vísceras del pavo cuando lo limpies.

TIP DEL DR. PIPE

Al llegar a la fiesta fíjate un límite de bebidas alcohólicas y consume sólo esa cantidad.

INGREDIENTES

Pavo
▶ 1 pavo entero natural de 6 a 8 kg
▶ 100 g de ajo finamente picado
▶ 150 g de cebolla blanca finamente picada
▶ 10 g de hojas de salvia picadas
▶ 300 g de mantequilla
▶ Sal gruesa
▶ Pimienta

Glaseado
▶ 300 ml de jugo de betabel
▶ 500 g de puré de manzana
▶ 1 l de jugo de manzana
▶ 150 g de miel de abeja
▶ 500 ml de vino tinto
▶ 50 g de jengibre finamente picado
▶ 1 raja de canela
▶ 100 g de mantequilla

Manzanas
▶ 1 kg de manzana verde
▶ 100 g de mantequilla
▶ 500 ml de vino tinto
▶ 90 ml de miel de abeja
▶ Sal y pimienta

Guarnición
▶ 2 manojos de espinaca
▶ 45 ml de aceite
▶ 4 endivias
▶ 2 cucharadas de aceite de oliva

Para que no se quemen los huesos —como los de las piernas y las alas—, cúbrelos con papel aluminio antes de meter el pavo al horno.

PREPARACIÓN

1. Una noche antes de cocinar el pavo, acrema la mantequilla y mézclala con cebolla, ajo y salvia. Unta el pavo en su totalidad y salpiméntalo.

2. Para el glaseado, en una olla a fuego alto vierte el vino tinto, la miel, el jugo de betabel, el jugo y el puré de manzana; cuando comiencen a hervir agrega jengibre y canela. Deja reducir el glaseado hasta que queden tres cuartas partes de él.

3. Retira del fuego. Agrega la mantequilla, incorpora bien y licua. Barniza el pavo con el glaseado.

No olvides descongelar el pavo en el refrigerador dos días antes de que vayas a prepararlo.

4. Hornea a 180 °C hasta que el pavo esté suave; aproximadamente se requiere una hora de horneado por cada kilo de carne. Barniza el pavo con el glaseado cada 15 minutos.

5. Pela y descorazona las manzanas; córtalas en cuartos y dora en una sartén con mantequilla, miel y vino tinto. Cocina hasta que las manzanas estén glaseadas.

6. Seca perfectamente las hojas de espinaca. Fríe una por una en una sartén con bastante aceite. Pon las endivias, partidas en mitades y rociadas con aceite de oliva, en una sartén parrilla para asarlas; sazona.

7. Sirve el pavo rebanado acompañado de manzanas glaseadas, espinacas fritas y endivias a la parrilla.

"Al día siguiente me despertaba, tomaba un pedazo de pan y lo remojaba en la grasa y la mantequilla que quedaban en el recipiente del pavo."

ANTONIO

TIEMPO 60 min

BACALAO NAVIDEÑO

12 PERSONAS

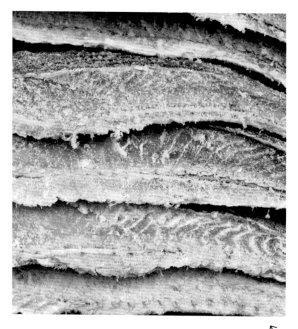

Desala el bacalao con 24 horas de antelación. Ponlo en agua en el refrigerador y cámbiale el líquido cada cuatro horas; son seis cambios.

"En Navidad, Santa Claus siempre nos traía dulces. Los Reyes Magos eran los que nos traían ropa y juguetes."

INGRID

INGREDIENTES

Bacalao
- ▶ 1 lomo de bacalao (aproximadamente 1 kg o 1.5 kg)
- ▶ 4 l de agua
- ▶ 2 tallos de apio
- ▶ ½ cebolla blanca
- ▶ 1 limón (ralladura)
- ▶ 10 ramitas de mejorana
- ▶ 10 ramitas de tomillo fresco

Sofrito
- ▶ 2 chiles anchos limpios, sin semillas ni venas
- ▶ 1 chile guajillo limpio, sin semillas ni venas
- ▶ 1 cebolla blanca finamente picada
- ▶ 3 dientes de ajo picados
- ▶ 2 pimientos morrones rojos asados y limpios
- ▶ 5 jitomates saladet cortados en cubos
- ▶ 180 ml de aceite de oliva extra virgen

Guarnición
- ▶ 2 tazas de aceitunas verdes grandes sin hueso y rellenas de pimiento
- ▶ 1 taza de chiles güeros en escabeche
- ▶ 2 tazas de almendras peladas y rebanadas
- ▶ 1 taza de alcaparras bien drenadas y lavadas
- ▶ 2 tazas de perejil picado rústicamente (no tan fino)
- ▶ 1 taza de mayonesa
- ▶ Chiles jalapeños en escabeche, al gusto

PREPARACIÓN

1. En una olla pon a hervir el agua, la cebolla blanca, los tallos de apio partidos por la mitad, la ralladura de limón, cinco ramas de mejorana y cinco ramas de tomillo fresco.
2. Una vez que hierva, agrega el bacalao desalado y baja la temperatura a fuego medio.
3. Cocina el bacalao por 10 minutos. Cuela y reserva el caldo. Desmenuza el bacalao procurando retirar piel y espinas; reserva.
4. Remoja los chiles secos en cinco tazas del caldo caliente de la cocción del bacalao.
5. En una cacerola calienta aceite de oliva y sofríe el bacalao por tres minutos; luego agrega la cebolla y los morrones picados, el ajo y el jitomate, y sofríe todo junto 10 minutos.
6. Licua el caldo con los chiles remojados; agrega a la cacerola del bacalao y sofríe por tres minutos.
7. Agrega el perejil, las aceitunas, los chiles güeros en escabeche, las alcaparras y las almendras; cocina por dos minutos más. Mezcla bien.
8. Mezcla la mayonesa con jalapeños en escabeche.
9. Sirve en un platón. Acompaña con birote o baguette y la mayonesa con chile.

TIP

Puedes utilizar cebolla morada o blanca.

DATO CURIOSO

El bacalao es originario de Noruega, tierra de vikingos.

TRONCO DE CHOCOLATE

TIEMPO 4 h

8 PERSONAS

INGREDIENTES

Bizcocho de chocolate
▸ 300 g de claras
▸ 300 g de azúcar refinada
▸ 120 g de huevo
▸ 50 g de harina
▸ 55 g de cocoa
▸ 100 g de polvo de almendra
▸ 60 g de mantequilla fundida
▸ 60 g de chocolate amargo fundido a baño maría
▸ Papel encerado

Ganache
▸ 400 g de chocolate con leche fundido a baño maría
▸ 270 g de crema para batir
▸ 30 g de mantequilla
▸ Vainilla

PREPARACIÓN

1. Para el bizcocho, bate las claras a punto de nieve; agrega el azúcar hasta que se forme un merengue.
2. Derrite la mantequilla y mézclala con el chocolate fundido. Agrega al merengue poco a poco.
3. Bate los huevos con todo y yemas; después agrega al merengue hasta incorporar perfectamente.
4. Cierne, sobre la mezcla anterior, la harina y la cocoa, e incorpora de manera envolvente junto con el polvo de almendra.
5. Vierte la mezcla en una charola forrada con papel encerado y hornea durante 15 minutos a 160 °C.

 TIP

Para obtener
un buen
merengue,
las claras no
deben tener
yema y el
recipiente para
batir debe estar
libre de grasa.

6. Para la ganache, hierve la crema para batir; retírala del fuego y viértela sobre el chocolate. Deja reposar cinco minutos y mezcla enérgicamente hasta integrar y obtener una crema tersa. Refrigera unos 20 minutos, hasta que la crema adquiera consistencia.

7. Rellena el bizcocho con parte de la ganache de chocolate y enróllalo para semejar un tronco.

8. Deja reposar por dos horas en el refrigerador.

9. Calienta la ganache restante hasta que esté tibia y adquiera una consistencia líquida. Baña el rollo con la ganache y haz marcas sobre el chocolate para que parezca un tronco.

TIP DEL
DR. PIPE

La comida es el centro de atención en las fiestas decembrinas; propón actividades que no estén relacionadas sólo con comer.

El grosor del pastel
debe ser máximo
de dos dedos
para que puedas
enrollarlo.

 TIP

Deja un espacio
sin relleno en el
tronco para que
puedas cerrarlo.

115

TIEMPO
45 min

CESTO DE ENSALADA DE MANZANA

✖ 8 PERSONAS

INGREDIENTES

Canasta
▸ 500 g de pasta filo
▸ 1 taza de mantequilla derretida

Ensalada
▸ 350 g de manzana amarilla o perón
▸ 250 g de manzana Smith
▸ 500 g de crema para batir
▸ 500 g de azúcar glas
▸ 30 ml de vainilla
▸ 150 g de nuez garapiñada
▸ 100 g de almendra fileteada y tostada
▸ Limón (jugo)

PREPARACIÓN

1. Pela y descorazona las manzanas. Córtalas en cubos pequeños; reserva en un recipiente con agua y un poco de limón para que no se oxiden.
2. Para las canastas, coloca ocho capas de pasta filo, barnizando con mantequilla derretida entre capa y capa. Coloca en un molde para formar una canasta. Hornea a 180 °C de 12 a 15 minutos o hasta que la pasta tenga un color dorado medio.
3. Bate la crema. Mézclala de manera envolvente con el azúcar glas, haciendo círculos para evitar quitar el aire que la crema absorbió al batirla.
4. Agrega las manzanas, las almendras y la nuez garapiñada a la crema. Rectifica el azúcar; agrega más de ser necesario.
5. Sirve la ensalada en las canastas de pasta filo.

Utiliza nuez fresca, ajonjolí u otra semilla de tu preferencia para darle a la receta un toque especial.

 TIP

Cuando no utilices la pasta filo, tápala muy bien y guárdala en el refrigerador para que no se seque.

Puedes conseguir pasta filo en tiendas de productos árabes o libaneses.

9.2 AÑO NUEVO

TIEMPO 40 min

LENTEJAS DE LA ABUNDANCIA

8 PERSONAS

i **TIP**

Si tienes una cebolla que te haya sobrado de otra receta, utilízala en ésta.

INGREDIENTES

- ▸ 150 g de manteca de cerdo
- ▸ 150 g de tocino en cubos
- ▸ 150 g de chorizo picado
- ▸ 300 g de lomo de cerdo
- ▸ 500 g de lentejas
- ▸ 100 g de cebolla
- ▸ Sal y pimienta
- ▸ 1 manojo de cilantro
- ▸ 100 g de jitomate asado
- ▸ 1 ajo asado
- ▸ 5 chiles anchos limpios y tostados
- ▸ 20 g de orégano
- ▸ 1 clavo
- ▸ 1 raja de canela
- ▸ 1 plátano macho
- ▸ 4 cucharadas de aceite de oliva
- ▸ Aceite para freír
- ▸ Papel absorbente

PREPARACIÓN

1. En una olla sofríe el tocino y el chorizo con manteca. Reserva estas carnes fuera del fuego. En la misma grasa fríe el lomo de cerdo cortado en cubos y salpimentado.
2. En otra olla cuece las lentejas en agua con cebolla, sal y cilantro.
3. Licua muy bien los jitomates, el ajo, los chiles, el orégano, el clavo y la canela con un poco del caldo de la cocción de las lentejas. El resultado debe tener una consistencia de adobo. Cuela.
4. Agrega el adobo colado a la olla con las carnes fritas. Cocina por unos minutos. Agrega las lentejas cocidas.
5. Corta el plátano macho en rodajas y fríelo en un poco de aceite. Reserva y escurre en papel absorbente.
6. Sirve las lentejas con plátano macho, hojas de cilantro, aceite de oliva y orégano.

Se dice que comer lentejas durante los primeros minutos del año nuevo trae abundancia.

No olvides limpiar minuciosamente las lentejas.

TIEMPO 4 h

COSTILLA EN SIDRA CON PURÉ DE COLIFLOR

6 PERSONAS

INGREDIENTES

Puré de coliflor
- 2 coliflores sin tronco, picadas
- Sal y pimienta
- 1 l de leche
- 1 diente de ajo
- 1 taza de cebolla blanca picada
- 50 g de mantequilla sin sal
- 60 ml de aceite de oliva extra virgen

PREPARACIÓN

1. En una cacerola sofríe en mantequilla la cebolla y el ajo sin caramelizarlos (que no doren), a fuego medio. Agrega la coliflor picada y sigue sofriendo por cinco minutos. Salpimenta y agrega leche.
2. Hierve hasta que la coliflor esté suave y licua. De ser necesario agrega más leche para obtener una consistencia tipo puré.
3. Sirve con las costillas.

TIP DEL
DR. PIPE

Si estás cuidando la línea, cena en tu casa antes de llegar a la fiesta y controla los antojos.

 TIP

Dora las costillas en una sartén antes de meterlas en el horno para conservar los jugos de la carne. Esos jugos los utilizarás para preparar la salsa.

INGREDIENTES

Costillas
- 2 kg de costilla cargada de res
- 2 zanahorias peladas y cortadas en tres partes
- 1 cebolla blanca cortada por la mitad
- 4 dientes de ajo
- 2 l de sidra
- 3 semillas de anís estrellado
- 5 granos de pimienta gorda
- 1 taza de salsa de soya
- Aceite vegetal
- Sal y pimienta
- Agua
- 2 cucharadas de fécula de maíz
- 4 chiles chilhuacles rojos desvenados y sin semillas
- 2 chiles mulatos desvenados y sin semillas
- 15 ciruelas pasas
- Papel aluminio

Agrega sal a las costillas una hora antes de cocinarse.

PREPARACIÓN

1. Salpimenta las costillas una hora antes de cocinarlas.
2. En una cacerola de fondo grueso calienta el aceite hasta que haga humo y dora la carne.
3. Retira la carne. Agrega las zanahorias, cebolla y ajo junto con las especias y sofríelas hasta que se caramelicen (que tomen un color dorado).
4. Agrega la sidra y la salsa de soya. Desglasa el fondo (esto es, limpia el fondo de la sartén, retira lo pegado). Lleva a hervor por cinco minutos; regresa la carne y tapa con papel de aluminio. Si tu olla no cabe en el horno, cambia todo a una charola.
5. Hornea a 160 °C durante dos horas y media. Saca del horno. Separa un poco de caldo para remojar los chiles.
6. Licua los chiles y añádelos a la carne. Agrega las ciruelas y hornea durante una hora más.
7. Coloca la carne en un platón y aparta la salsa.
8. Espesa la salsa en una olla pequeña añadiendo un poco de fécula de maíz disuelta en agua. Baña las costillas.

TIEMPO 90 min

STRUDEL DE MANZANA

10 PERSONAS

INGREDIENTES

- ▸ 1 kg de pasta hojaldrada
- ▸ 5 manzanas verdes peladas y picadas en cubos medianos
- ▸ 1 taza de agua
- ▸ 150 g de arándano
- ▸ 150 g de uva pasa
- ▸ 1 cucharada de canela
- ▸ ½ cucharadita de nuez moscada
- ▸ 1 pizca de clavo en polvo
- ▸ 150 g de mantequilla
- ▸ 230 g de azúcar
- ▸ 150 g de azúcar
- ▸ 1 cucharada de pectina
- ▸ Yema de huevo

"Lo que más recuerdo son las sobremesas largas con mi familia. Terminábamos de comer y venían diferentes postres, dulces y café."

JOSERA

PREPARACIÓN

1. En una olla pequeña calienta los 230 g de azúcar y haz un caramelo seco (se forma al llegar a los 160 °C; debe tener color dorado). Agrega mantequilla y agua para obtener una salsa.
2. Añade los cubos de manzana y las especias —canela, nuez moscada y clavo— a la salsa. Cuece por 12 minutos. Cuela y enfría.
3. Extiende el hojaldre a tres milímetros de grosor y agrega el relleno junto con los arándanos, uva pasa y pectina con mucho cuidado para poder enrollar.
4. Barniza con yema de huevo dos veces; deja secar.
5. Extiende otra capa de hojaldre para hacer el trenzado.
6. Acomoda el hojaldre trenzado en la parte de arriba; barniza y agrega azúcar. Hornea por 45 minutos a 180 °C.

La manzana verde es la más adecuada para esta receta; es ácida y resiste muy bien el horneado.

 TIP

Pon los pedazos de manzana a remojar con una pastilla de vitamina C; esto evitará que se oxiden.

9.3 DÍA DE REYES

TIEMPO 15 min

CHOCOLATE CON CHILE

10 PERSONAS

INGREDIENTES

- ► 200 g de cacao tostado y sin cascarilla
- ► 250 g de azúcar
- ► 60 g de almendra
- ► 100 g de chocolate
- ► 20 g de cocoa
- ► ½ chile de árbol limpio y tatemado
- ► 30 g de fécula de maíz
- ► 2 l de agua

El nombre de la bebida "Xocóatl" se compone de dos palabras: "xoco", que significa amargo, y "atl", agua.

TIP

Para evitar que se forme nata cuando refrigeres el chocolate, tápalo con plástico film tocando el líquido.

PREPARACIÓN

1. Coloca el cacao, el azúcar, la almendra, el chocolate, la cocoa y el chile en un procesador de alimentos durante tres minutos, para obtener una pasta.

2. Disuelve la fécula de maíz en el agua y vierte en una olla. Lleva a ebullición. Agrega la pasta de cacao y cuece 10 minutos hasta que espese ligeramente.

3. Sirve caliente.

Si quieres tu bebida más picante, puedes agregar más chile poco a poco; sólo recuerda que debe picar sin enchilar.

TIEMPO
4 h

ROSCA DE REYES

2 PIEZAS GRANDES
12 PERSONAS C/U

INGREDIENTES

Rosca
▶ 500 ml de leche
▶ 33 g de levadura seca
▶ 2½ tazas de azúcar
▶ 330 g de mantequilla
▶ 6 huevos
▶ 1.3 kg de harina
▶ 10 muñequitos de plástico

Costrón de azúcar
▶ 100 g de manteca vegetal
▶ 100 g de harina de trigo
▶ 100 g de azúcar glas
▶ 2 yemas de huevo

Decoración
▶ 250 g de naranja cristalizada
  en tiras
▶ 250 g de ate de membrillo
  en tiras
▶ 250 g de higos cristalizados
  en cuartos
▶ 200 g de cerezas al marrasquino
▶ 1 taza de brillo de repostería

"El regalo de los Reyes Magos que más recuerdo fue justamente el que no me trajeron: una cocinita de juguete."

INGRID

PREPARACIÓN

1. Entibia un poco de leche en el microondas; mezcla la levadura en la leche con una cucharadita de azúcar para activarla.
2. Con ayuda de la batidora, mezcla la harina, el azúcar y la mantequilla; emplea el gancho para masa.
3. Mientras se bate la masa, agrega la leche y los huevos uno a uno.
4. Amasa durante 17 minutos. Reserva y deja fermentar (leudar) la masa por 40 minutos, en un lugar cálido, para que doble su tamaño.
5. Estira la masa con un rodillo hasta formar una hoja rectangular. Esconde los muñequitos en la masa, enrolla y forma la rosca. Reserva nuevamente y deja fermentar por segunda ocasión.
6. Mientras la rosca reposa, prepara el costrón: mezcla la manteca vegetal con la harina, el azúcar glas y las yemas de huevo hasta hacer una pasta. Refrigera 10 minutos y acomoda pequeñas porciones sobre partes intercaladas de la rosca.
7. Barniza y hornea a 180 °C por 30 minutos. Deja enfriar a temperatura ambiente antes de decorar.
8. Barniza con brillo de repostería y decora con las tiras de fruta y las cerezas.

La decoración de la rosca simboliza las joyas de la corona de los Reyes Magos.

i TIP

Siempre deja reposar la masa una vez que formes la rosca. La segunda fermentación es la que da el sabor.

9.4 CANDELARIA

TAMALES CANARIOS

TIEMPO 90 min

8 PERSONAS

INGREDIENTES

- ▸ 400 g de mantequilla
- ▸ 50 g de manteca vegetal
- ▸ 350 g de azúcar
- ▸ ½ cucharadita de sal
- ▸ 6 huevos
- ▸ 500 g de harina de arroz
- ▸ 1 cucharadita de polvo para hornear
- ▸ 150 g de pasitas
- ▸ 1 gota de color vegetal amarillo
- ▸ 12 hojas de maíz para tamal

"De niña, mis tamales favoritos eran unos rosas que hacía mi abuela. Eran una delicia."

INGRID

PREPARACIÓN

1. Acrema la mantequilla y la manteca a temperatura ambiente junto con la sal y el azúcar.
2. Agrega los huevos uno a uno batiendo a velocidad alta hasta emulsionar.
3. Combina la harina de arroz y el polvo para hornear. Agrega estos ingredientes a la mezcla anterior.
4. Si es necesario, resalta el tono amarillo con colorante.
5. Agrega las pasitas, previamente hidratadas en una taza de agua caliente y coladas.
6. Sobre las hojas de maíz previamente hidratadas (remojadas en agua fresca), distribuye porciones de la masa. Envuelve y dobla las hojas y amarra.
7. Cuece en una vaporera durante 30 minutos aproximadamente.

 TIP

Pon una moneda grande dentro del agua por debajo de la rejilla de la vaporera. Cuando deje de sonar sabrás que el agua se evaporó por completo.

Recuerda que los tamales se colocan en la vaporera cuando el agua está caliente, nunca fría.

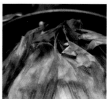

Una vez cocidos, deja reposar los tamales en la vaporera por una hora.

TIEMPO 25 min

CHAMPURRADO DE CHOCOLATE

20 PERSONAS

INGREDIENTES

- ▸ 2 tablillas de chocolate rústico
- ▸ 2 piezas de piloncillo
- ▸ 3 l de leche
- ▸ 2 rajas de canela
- ▸ 1 l de agua
- ▸ 1½ tazas de masa de maíz

Para hacer una presentación espumosa, pon un poco de champurrado en la licuadora y sirve al final en la taza.

TIP

Recuerda que el champurrado nunca debe hervir.

PREPARACIÓN

1. Disuelve el piloncillo y las tablillas de chocolate en la leche con canela.
2. Licua la masa de maíz con el agua y vierte en la leche.
3. Lleva a ebullición durante 15 minutos.

Para agregar la masa utiliza un procesador o una licuadora. Es más fácil que con el molinillo.

AGUACHILE DE QUESO

TIEMPO 15 min

6 PERSONAS

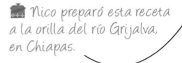 Nico preparó esta receta a la orilla del río Grijalva, en Chiapas.

" La gastronomía de México es la mejor del mundo, y aunque nosotros como mexicanos somos un poco incrédulos, somos muy afortunados por todo lo que tenemos. Por eso viajar y conocer el país para mí es tan importante, pues cada uno de nuestros estados es un pequeño México y cada municipio es un pequeño estado. Basta con cruzar un río, cambiar la temporada, para encontrar una diversidad infinita de ingredientes, técnicas y sabores.

Viaja por México. Déjate sorprender por sus cocinas tradicionales, por sus mercados y, sobre todo, por su gente. "

NICO

INGREDIENTES

▸ 100 g de chile güero chiapaneco
▸ 100 ml de jugo de limón
▸ 200 g de queso o quesillo

i TIP

El secreto de esta receta radica en el chile güero. Pícalo finito para que se incorpore mejor al resto de los ingredientes.

PREPARACIÓN

1. Corta el queso en cubos pequeños; agrega el chile güero y después el limón. Mezcla muy bien.
2. Acompaña con tostadas de maíz.

A esta receta le puedes agregar camarón seco o carnitas de cerdo.

Río Grijalva, Chiapas.

COMIDA VIAJERA

TIEMPO 1 h 10 min

ENCHILADAS DULCES COLIMOTAS

10 PERSONAS

INGREDIENTES

Mole

- ▸ 1 cucharada de manteca de cerdo
- ▸ 75 g de chile guajillo sin semillas, venas ni pedúnculos
- ▸ 125 g de chile ancho (pasilla seco) sin semillas, venas ni pedúnculos
- ▸ 4 tazas de agua
- ▸ 15 g de canela
- ▸ 10 g de pimienta negra
- ▸ 5 g de clavo de olor
- ▸ 10 g de orégano seco
- ▸ 5 g de comino
- ▸ 4 dientes de ajo grandes pelados
- ▸ ½ cebolla blanca mediana
- ▸ 2 tablillas de chocolate
- ▸ 5½ tazas de agua
- ▸ 1½ cucharadas de manteca
- ▸ 250 g de harina
- ▸ 350 g de panocha o piloncillo blanco
- ▸ 1 cucharada rasa de sal de Colima

🏠 *Receta tomada y corroborada de la deliciosa cocina de Miguel y Angelina.*

PREPARACIÓN

1. En una olla a fuego medio calienta la manteca; cuando comience a humear ligeramente, fríe los chiles guajillo y ancho. Retira y reserva.

2. En una olla con 4 tazas de agua a fuego alto cuece los chiles guajillo y ancho por 15 minutos o hasta que estén suaves. Cuela y reserva los chiles.

3. Licua la canela, la pimienta, el clavo, el orégano, el comino, el ajo, la cebolla, el chocolate y las 5½ tazas de agua, hasta obtener una salsa fina y tersa. Cuela y reserva la salsa.

4. En la misma olla de los chiles, calienta a fuego medio una cucharada y media más de manteca; agrega la harina y deja freír por tres minutos o hasta que tome un color dorado. Añade la salsa, el piloncillo y la sal. Deja freír hasta que el piloncillo se disuelva por completo. Retira del fuego y reserva.

INGREDIENTES

Picadillo

- ▸ ¼ de taza de aceite de maíz
- ▸ 1 cebolla blanca mediana finamente picada
- ▸ 3 dientes de ajo grandes pelados, finamente picados
- ▸ 2 tazas de jitomates maduros sin piel, picados en cubos medianos
- ▸ ½ kg de carne molida de cerdo
- ▸ ½ kg de carne molida de res
- ▸ 3 zanahorias cocidas picadas en cubos de 1 cm
- ▸ 3 calabazas italianas cocidas y picadas en cubos de 1 cm
- ▸ 3 papas medianas cocidas, peladas y picadas en cubos de 1 cm
- ▸ 1 taza de chícharos cocidos
- ▸ 1 taza de ejotes cocidos y cortados en trozos de 1 cm de largo
- ▸ 1 taza de pasas negras
- ▸ ¾ de taza de almendras sin piel, picadas
- ▸ 15 aceitunas sin hueso picadas
- ▸ ¼ cucharadita de comino
- ▸ 1 cucharadita de pimienta negra (1 g)
- ▸ 2 cucharadas rasas de sal de Colima (32 g)

Enchiladas

- ▸ 1 taza de manteca de cerdo
- ▸ 18 tortillas de maíz de 16 cm de diámetro
- ▸ Salsa dulce (mole) para enchiladas colimotas (receta previa)
- ▸ Picadillo para rellenar las enchiladas colimotas (receta previa)
- ▸ 300 g de cebolla finamente picada
- ▸ 220 g de queso añejo desmoronado
- ▸ 6 hojas de lechuga orejona
- ▸ Rábanos rebanados para acompañar

Puedes usar lechuga rizada o sangría para dar un toque más contemporáneo a tu platillo.

PREPARACIÓN

1. En una olla a fuego medio calienta el aceite y fríe la cebolla, el ajo y el jitomate por tres minutos o hasta que la cebolla esté traslúcida.
2. Añade las carnes molidas y deja que se cuezan.
3. Con la ayuda de un batidor globo, desbarata la carne hasta que quede un picadillo muy fino.
4. Añade las verduras, las pasas, las almendras, las aceitunas, el comino, la pimienta y la sal. Mezcla. Retira del fuego y reserva.

Las tortillas deben remojarse en la manteca o el aceite por ambos lados para que no se rompan.

1. En una sartén a fuego medio calienta la manteca. Fríe ligeramente las tortillas por ambos lados sin que doren demasiado. Retira y escurre.
2. Pasa las tortillas por la salsa dulce de modo que queden totalmente empapadas.
3. Coloca las tortillas sobre una base limpia y plana. En el centro de cada una de ellas acomoda dos cucharadas colmadas de picadillo y enrolla como si fuera un taco.
4. Sirve tres enchiladas por plato y baña con un poco más de salsa.
5. Adorna con cebolla y lechuga; espolvorea una cucharadita de queso añejo desmoronado.
6. Acompaña con dos o tres hojas de lechuga y unas seis rebanadas de rábano por plato.
7. Sirve inmediatamente.

TIEMPO 2 h 30 min

CEBICHE ANTIGUO COLIMENSE

6 PERSONAS

Colima

INGREDIENTES

Marinado
▸ 500 ml de jugo de limón de Colima recién exprimido
▸ 1 cucharada de sal de Colima

Cebiche
▸ 1 kg de pescado sierra finamente picado
▸ 3 zanahorias medianas ralladas
▸ 2 pepinos medianos picados en cubos de 2 cm
▸ 2 jitomates maduros picados en cubos de 2 cm
▸ 1 chile habanero finamente picado
▸ 2 chiles serranos finamente picados
▸ ¼ de taza de cilantro finamente picado
▸ 1 cucharada de sal de grano de Colima

"De niño, llevaba este cebiche a la playa en una olla de peltre y lo vendía en tostadas."

NICO

130

PREPARACIÓN

1. Para el marinado, mezcla el jugo de limón y la sal; sumerge el pescado y refrigéralo durante 40 minutos. Asegúrate de que la superficie quede cubierta de jugo de limón.
2. Saca el pescado del recipiente; extrae todo el jugo del limón presionando con las manos hasta sentir el pescado seco.
3. Mezcla muy bien el pescado con el resto de los ingredientes y rectifica la sazón.
4. En un plato sirve una porción de cebiche; acompaña con tostadas de maíz fritas, limón de Colima y salsa de botella.

🏠 *Receta de la señora Felícitas Terríquez Solórzano, doña Licho, la madre de Nico.*

Se debe retirar el exceso de limón para que el cebiche no quede muy agrio.

ℹ️ TIP

Si haces esta receta en grandes cantidades, es recomendable precocer ligeramente el pescado.

TIEMPO 16 h

BIRRIA DE JABALÍ

10 PERSONAS

Ésta es una receta de Manzanillo, Colima.

INGREDIENTES

Birria
- ▶ 3 tazas de agua (720 ml)
- ▶ 15 chiles guajillo sin venas, semillas ni pedúnculos
- ▶ 1 ½ cucharadas de comino recién molido
- ▶ 2 cabezas de ajo grandes, peladas
- ▶ 2 jitomates guajes
- ▶ 6 tomates verdes frescos, sin cáscara
- ▶ 4 hojas de orégano orejón fresco
- ▶ 2 cucharadas de orégano seco
- ▶ ½ taza de vinagre blanco de caña
- ▶ 1 l de agua
- ▶ 4 cucharadas de sal de grano de Colima
- ▶ 4 kg de carne de chivo limpia y cortada
- ▶ 6 pencas de maguey lavadas y cortadas por la mitad

PREPARACIÓN

1. Limpia la carne de chivo y córtala en piezas de 4 x 4 cm.
2. En una olla a fuego medio hierve las 3 tazas de agua y agrega los chiles. Deja remojar por 15 minutos o hasta que el chile esté suave y cocido. Retira del fuego, cuela los chiles y resérvalos.
3. Licua los chiles con el comino, el ajo, los jitomates, los tomates, el orégano, el vinagre, el agua y la sal, hasta que obtengas una salsa muy fina y tersa. Cuela, desecha el bagazo y reserva la salsa.
4. En una olla, preferentemente de barro, coloca las piezas de chivo y báñalas con la salsa, cubriendo cada una de las piezas.
5. Deja marinando en el refrigerador mínimo seis horas. Saca y coloca encima las pencas de maguey y tapa la olla.
6. Hornea a 160 ºC durante ocho horas o hasta que la carne esté totalmente cocida y suave. Retira del horno y reserva caliente.

Manzanillo, Colima

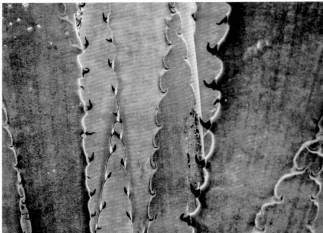

INGREDIENTES

Salsa de acompañamiento

▶ ½ taza de aceite de maíz
▶ 20 chiles de árbol secos, sin pedúnculos
▶ 2 cucharadas de orégano seco
▶ 5 dientes de ajo grandes, pelados
▶ 1 cucharada de sal de grano de Colima

 Esta receta es de la madre de Nico, la señora Felícitas Terríquez Solórzano, doña Licho.

PREPARACIÓN

1. En una sartén calienta el aceite; cuando comience a humear ligeramente, añade el chile de árbol y fríe por dos minutos o hasta que el chile se infle. No debe quemarse. Retira del fuego, escurre y reserva.

2. Licua el chile, ambos tipos de orégano, el ajo y la sal hasta obtener una salsa fina y tersa que casi pase por un colador sin dejar bagazo. Vierte la salsa en un tazón y reserva.

3. En un plato hondo coloca un trozo de carne con suficiente caldo. Puedes acompañar con limón, cebolla blanca finamente picada, cilantro picado, salsa de chile de árbol al gusto y tortillas de maíz.

Si la birria no cabe en una sola olla, puedes usar varias, siempre y cuando dividas en partes iguales.

ⓘ TIP

El adobo debe cubrir toda la carne para que se aproveche el sabor al máximo.

TIEMPO 15 min

TUBA ALMENDRADA

(AL TIEMPO DE PREPARACIÓN AUMENTAR 24 H DE ANTELACIÓN)

 2.5 LITROS

INGREDIENTES

- ¼ de almendras peladas, remojadas con un día de antelación
- 2 l de tuba dulce natural
- 1 taza de azúcar blanca
- ½ cucharada de nuez moscada recién molida

Las almendras remojadas son mucho más fáciles de digerir y tienen más nutrientes.

DATO CURIOSO

La tuba almendrada es la bebida emblemática de Colima.

PREPARACIÓN

1. Licua las almendras con una taza de tuba. Muele hasta obtener un licuado fino y terso que casi pase por un colador. Cuela, desecha el bagazo y reserva.
2. En una jarra coloca el molido de almendra, el resto de la tuba, el azúcar y la nuez moscada. Mezcla perfectamente y sirve bien fría.

Receta recopilada de la Cocina de la Maestra Lola.

TIEMPO 1 h

DULCE DE MANZANA DE COCO

6 PERSONAS

INGREDIENTES

Manzanas de coco
- ▸ 3 l de agua
- ▸ 6 manzanas de coco enteras, grandes

PREPARACIÓN

1. En una olla a fuego alto hierve el agua; pon a cocer las manzanas de coco, cuidando que queden bien sumergidas. Cuece por 45 minutos. Retira del fuego, desecha el agua y deja enfriar las manzanas.
2. Cuando las manzanas estén frías, exprímelas suavemente entre las manos para extraer el exceso de agua. Si están muy grandes, córtalas por la mitad.

DATO CURIOSO

La manzana de coco es una esponja que germina dentro de una palma bebé de coco.

Puedes cocer las manzanas a las brasas usando la cáscara de coco.

Miel
- ▸ 1.5 l de agua
- ▸ 3 hojas de higo
- ▸ 1½ tazas de azúcar blanca

🏛 *Receta recopilada del libro de Leonor Barreto y María de la Madrid. Tiene más de 100 años.*

PREPARACIÓN

1. Mientras las manzanas de coco se cuecen, en otra olla a fuego bajo coloca el agua, las hojas de higo y el azúcar. Deja hervir hasta que el líquido se reduzca aproximadamente a la mitad y tenga consistencia de miel. Sumerge las manzanas de coco dentro de la miel para que hiervan; deben adquirir un bonito color dorado o amarillo. Retira del fuego; deja enfriar.
2. Cómelo como postre.

DATO CURIOSO

Colima es el segundo productor de coco en México.

TACOS DE UBRE

12 PERSONAS

> *Que no te dé miedo probar comida exótica mexicana. Es una verdadera delicia, pero comúnmente la rechazamos porque no estamos acostumbrados a consumirla. Para que pongas a prueba tu paladar, seleccioné cuatro platillos que te introducirán en el tema.*
>
> *Si es la primera vez que te enfrentas a la comida exótica, te recomiendo que empieces con los tacos de ubre y dejes los sesos hasta el final.*

ANTONIO

INGREDIENTES

Ubre
▸ 2 kg de ubre de vaca
▸ 4 l de leche
▸ 1 cebolla blanca
▸ 3 ramas de epazote
▸ 3 dientes de ajo
▸ 5 granos de pimienta gorda

Salsa roja
▸ 5 jitomates
▸ 1 diente de ajo
▸ 3 granos de pimienta gorda
▸ 5 chiles puya enteros sin pedúnculo (rabito)
▸ ½ taza de cebolla picada
▸ 4 cucharadas de vinagre blanco
▸ Agua
▸ Aceite vegetal
▸ Sal y pimienta
▸ Tortillas

Para que la salsa tenga mejor sabor y consistencia licua primero el chile, el ajo y la cebolla y después agrega el jitomate.

 TIP

Para freír la ubre también puedes utilizar manteca de cerdo.

Calienta las tortillas en la grasa que quedó en la sartén: estarán más ricas.

PREPARACIÓN

1. En una olla cuece a fuego medio la ubre en leche junto con la cebolla, el epazote, el ajo y la pimienta gorda por una hora.
2. Para la salsa, en otra olla hierve el jitomate, el ajo, la pimienta gorda y los chiles puya por cinco minutos.
3. Licua con un poco del agua de la cocción. La salsa no debe quedar martajada.
4. Deja enfriar un poco y agrega la cebolla picada y el vinagre; sazona.
5. En una sartén con aceite caliente dora la ubre salpimentada. Retira del fuego y pica la ubre.
6. Sirve en tacos con cilantro, salsa y limón.

TIEMPO 45 min

CRIADILLAS EMPANIZADAS

4 PERSONAS

INGREDIENTES

Criadillas
- ► 2 criadillas de toro
- ► 2 huevos batidos
- ► 1 taza de harina
- ► 2 tazas de pan molido
- ► 1 cucharadita de paprika
- ► ½ cebolla
- ► 1 diente de ajo
- ► 2 hojas de laurel
- ► 1 diente de ajo
- ► 2 hojas de laurel
- ► Sal y pimienta
- ► Papel encerado

Mayonesa
- ► ½ taza de mayonesa
- ► ½ taza de crema de rancho
- ► 3 chiles güeros de lata finamente picados
- ► 1 cucharadita de alcaparras picadas
- ► 2 cucharadita de perejil picado
- ► 1 limón (jugo)
- ► 4 gotas de salsa picante

Una vez cocinadas, las criadillas tienen una textura suave, parecida a la del calamar.

 TIP

No cocines en exceso las criadillas o se pondrán chiclosas.

PREPARACIÓN

1. En una olla con agua y un poco de sal hierve la cebolla, el diente de ajo y las hojas de laurel. Agrega las criadillas en el agua hirviendo.
2. Cuece las criadillas de seis a ocho minutos. Retira del agua y deja enfriar. Retira la membrana que las recubre.
3. Corta las criadillas cocidas en rebanadas de un centímetro; salpimenta.
4. Pasa las criadillas por harina mezclada con paprika, luego por huevo batido y al final por pan molido. Fríe hasta que estén crujientes. Reserva en papel absorbente.
5. Para la mayonesa preparada, mezcla y bate todos los ingredientes.
6. Sirve las criadillas con la mayonesa preparada.

SESOS ADOBADOS

TIEMPO 25 min

4 PERSONAS

INGREDIENTES

Sesos
- ► 350 g de sesos
- ► 1 hoja santa
- ► 1 chile serrano
- ► 1 diente de ajo
- ► Sal (c/s)
- ► Agua

Salteado
- ► ½ cebolla blanca picada
- ► 1 taza de hojas de epazote
- ► 2 dientes de ajo picados
- ► 2 jitomates picados
- ► Aceite vegetal

Salsa
- ► 1 taza de chile de árbol
- ► 1 diente de ajo
- ► 2 tazas de agua
- ► Sal gruesa o de grano
- ► 4 cucharadas de vinagre blanco

TIP DEL DR. PIPE

La mayoría de las vísceras de color blanco y los órganos de los animales contienen mucha grasa y colesterol. Modera su consumo.

PREPARACIÓN

1. Coloca los sesos en agua fría para retirarles la sangre y lo más que se pueda de la membrana que los recubre.
2. En una olla con agua coloca la hoja santa, el chile serrano, el ajo y la sal (gruesa o de grano); calienta a fuego medio.
3. Cocina los sesos de 12 a 15 minutos para que expulsen las impurezas. Retira del agua y reserva.
4. Para el salteado, en una sartén con aceite vegetal calienta la cebolla, el ajo y los jitomates; añade los sesos troceados y sin membrana. Cocina por dos minutos. Agrega el epazote y sigue cocinando cinco minutos más.
5. Para la salsa, hierve los chiles con agua y ajo por cuatro minutos. Licua, agrega el vinagre y sazona.
6. Sirve con tortillas, salsa y limón.

Compra los sesos el día que vayas a prepararlos, ya que es muy fácil que se echen a perder.

ⓘ TIP

Cuando compres sesos, verifica que su color no sea opaco y que no tengan mal olor.

TIEMPO 6 h

MANITAS DE CERDO EN ESCABECHE

✕ 6 PERSONAS

Utiliza un rastrillo para quitar el pelo de las manitas de cerdo.

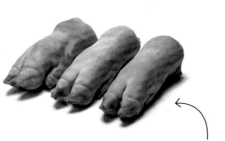

Para deshuesar las manitas apriétalas hasta que el hueso se bote.

 TIP

No deseches el caldo en el que cociste las manitas; puedes utilizarlo para hacer menudo, caldo tlalpeño o birria.

INGREDIENTES

Manitas de cerdo
▶ 6 manitas de cerdo
▶ 4 l de agua
▶ 1 cebolla blanca partida por la mitad
▶ 1 cabeza de ajo partida por la mitad
▶ 2 ramas de epazote
▶ 2 chiles de árbol
▶ 2 cucharadas de orégano seco

Escabeche
▶ 1 taza de vinagre de chiles enlatados
▶ ½ taza de vinagre blanco
▶ 10 clavos de olor
▶ 1 cucharada de orégano seco
▶ Ajo

Complemento
▶ ½ cebolla cortada en plumas (juliana)
▶ 5 dientes de ajo

Tostadas
▶ 12 tostadas
▶ ½ taza de crema de rancho
▶ ½ taza de salsa mexicana
▶ 1 taza de frijoles refritos
▶ 6 hojas de lechuga
▶ 4 rábanos
▶ 150 g de queso Cotija

PREPARACIÓN

1. En una olla grande con agua a fuego medio coloca las manitas de cerdo con la cebolla, la cabeza de ajo, el epazote, el chile y el orégano. Cuece durante cuatro o cinco horas o hasta que las manitas estén bien cocidas.
2. Retira las manitas del caldo y déjalas enfriar en un plato.
3. Deshuesa las manitas y reserva todo lo que no sea hueso.
4. Licua todos los ingredientes para el escabeche (vinagre de chiles, los dientes de ajo, vinagre blanco, clavos y orégano) y vierte en un tazón. Añade la cebolla en juliana para curtirla.
5. Baña las manitas con el escabeche y deja reposar 30 minutos.
6. Arma las tostadas con frijoles, manitas en escabeche, crema, rábanos, lechuga, salsa mexicana y queso Cotija.

Ricardo Hernández
Camarógrafo

Melissa Piña
Coordinadora de producción

Ricardo Cortés S.
Jefe de cocina

Johanna Helman
Productora ejecutiva

Guillermo Ortega
Camarógrafo

Mónica Peña / Dr. Pipe
Guionista

Federico Feliziani / Mara Alpízar G.
Ambientador de arte   Productora gastronómica

Alfredo Ramírez
Director de cámaras

Chef Martha Sánchez
Asesora gastronómica

Daniela Camani
Coordinadora de talento

Staff Cocineros Mexicanos

Karla Espinosa / JoséRa Castillo
Coordinadora de vestuario

Virginia Irizar / Omar Flores
Productora de piso   Jefe de piso

❯ Agradecimientos ❮

Para que un programa llegue al aire, alguien tiene que darle una oportunidad. En el caso de Cocineros Mexicanos fue Rodrigo Fernández Capdevielle, Director General Azteca 7, quien supo que a la televisión mexicana le faltaba un show como este. Gracias por eso a Rodrigo. Porque sobre su confianza, el proyecto levantó vuelo hasta llegar a la pantalla, y de allí, a millones de hogares a lo largo del país cada día.

Desde el comienzo del ciclo, nuestros cocineros honran a esta cocina mexicana que tanto queremos. Pero para que ellos se luzcan preparando sus platillos es fundamental lo que no se ve a cuadro: los técnicos que permiten que nos volvamos a encontrar a diario y que cada vez nos veamos mejor. Y el equipo de producción encabezado por Johanna Helman, quien construye cada segmento con la dedicación que sólo se tiene cuando se trabaja con amor.

Ni el programa ni este libro serían posibles
de la chef Martha Sánchez D., nuestra As

Gracias a Paola Pérez de la Garza Gonzá
y estilo, las recetas, semblanzas y consejo
todo lo que toca.

A Bárbara Merlos, quien domó el caos d
nada.

A Fabiola Faz Carreón, quien estuvo e
comunicación con la editorial.

A Ernesto Sacbé Aguilar Méndez, quien c
sus fotos. Y a Omar Herrera y Víctor Ber
de este libro.

A todos los que trabajan a diario en Coc
del programa un gusto cotidiano.

Y sobre todo, gracias a todos ustedes q
nos abren las puertas de sus casas. Sin u